FACULTÉ DE DROIT DE DOUAI

THÈSE

POUR

LE DOCTORAT

SOUTENUE

Le Mardi 15 Janvier 1867

PAR

Auguste VANDERMERSCH

de DEULÉMONT (Nord)

Lauréat de la Faculté de droit de Paris au Concours de 1865.

LILLE

IMPRIMERIE DE LEFEBVRE-DUCROCQ

Rue Esquermoise, 57.

1867

THÈSE
POUR LE DOCTORAT

DROIT ROMAIN
DE L'ENVOI EN POSSESSION ET DE LA VENTE EN MASSE
DES BIENS DU DÉBITEUR.

DROIT FRANÇAIS
DES EFFETS DU JUGEMENT DÉCLARATIF DE FAILLITE

L'acte public sur les matières ci-après sera soutenu le 12 Janvier 1867,
à trois heures,

PAR

Auguste VANDERMERSCH
de Deulémont (Nord)

Lauréat de la Faculté de droit de Paris au Concours de 1865.

Président : M. BLONDEL, professeur doyen.

Suffragants . { MM. ACCARIAS, JOUEN, DE FOLLEVILLE, MABIRE, } Agrégés chargés de cours.

Le Candidat répondra en outre aux questions qui lui seront faites sur les autres matières de l'enseignement.

LILLE
IMPRIMERIE DE LEFEBVRE-DUCROCQ
Rue Esquermoise, 57.

1867

A MON PÈRE, A MA MÈRE

DROIT ROMAIN

DE L'ENVOI EN POSSESSION

ET DE LA VENTE EN MASSE DES BIENS DU DÉBITEUR.

INTRODUCTION.

Si les législateurs, à côté des principes qu'ils consacrent, n'avaient soin de poser des règles capables d'assurer l'exécution des conventions et de faire respecter les droits de chacun, la législation même la mieux coordonnée ne serait qu'une lettre morte, et le respect de la foi jurée, si nécessaire au maintien des Etats, deviendrait un vain mot. Aussi toutes les législations ont-elles constamment mis au service des créanciers le secours de la force publique.

A Rome, l'autorité avait deux moyens différents de contraindre le débiteur récalcitrant à exécuter ses obligations. Tantôt elle permettait au créancier de se saisir de sa personne comme d'un gage, tantôt elle lui donnait le droit de faire vendre ses biens afin de se payer sur le prix de la vente.

C'est de l'exécution sur l'ensemble du patrimoine du débiteur connue sous le nom de *venditio bonorum* que nous allons nous occuper dans cette thèse.

Mais avant d'étudier en détail la procédure et les effets de la *venditio bonorum* et de la *missio in possessionem* qui en est le préliminaire indispensable, il importe de rechercher l'origine de cette voie d'exécution.

L'étude des textes du droit romain nous porte à croire que, sous le régime des actions de la loi, la principale voie d'exécution consistait dans la contrainte exercée sur la personne du débiteur. Car, la *pignoris capio*, la seule des actions de la loi qui fût relative à l'exécution sur les biens, se renfermait dans le cercle du droit public ou religieux et était véritablement étrangère aux créances privées.

Les cas dans lesquels la *pignoris capio* avait été autorisée, avaient été introduits les uns par les mœurs, d'autres par une loi précise : *per pignoris capionem lege agebatur de quibusdam moribus..... lege* (Gaius, comm. 4, § 26). Par les mœurs, cette voie d'exécution était accordée aux soldats, soit pour le recouvrement de l'*œs militare*, c'est-à-dire pour se faire payer la solde (*stipendium*), soit pour se procurer l'argent nécessaire à l'achat du cheval (*œs equestre*), ou du fourrage destiné à le nourrir (*œs hordiarium*) (Gaius, comm. 4, § 27).

Dans la sphère du droit religieux, Gaius nous présente deux applications venant de la loi des Douze Tables : si une victime avait été achetée et que le prix n'en fût point payé, ou si, en vue de subvenir aux frais d'un sacrifice on louait une bête de somme, et que le prix n'en fût pas acquitté, la loi donnait la *pignoris capio* pour assurer le prompt recouvrement de ces créances (comm. 4, § 28).

Enfin, cette même action était appliquée dans le but de faciliter la marche de certains services publics. Une loi, dont le nom illisible dans le manuscrit de Gaius semble être celui de *lex Censoria*, la donnait aux publicains pour la levée des impôts publics (comm. 4, § 28).

Dans tous ces cas, le créancier était autorisé à s'emparer lui-même, comme gage, d'une chose appartenant à son débiteur, et celui-ci ne la libérait qu'en payant (Gaius, comm. 4, § 29). C'est uniquement parce que cette prise de gage s'accomplissait en prononçant des paroles sacramentelles (*certis verbis*), qui, d'ailleurs, ne nous sont pas transmises par Gaius, que la plupart des jurisconsultes la rangeaient parmi les actions de la loi. Mais elle en différait en trois points essentiels : 1° elle pouvait avoir lieu hors de la présence du Préteur (*extra jus*); 2° elle pouvait se faire même en l'absence du débiteur (*etiam absente adversario*); 3° elle pouvait se pratiquer même un jour néfaste où il n'était pas permis d'agir par action de la loi (*nefasto quoque die*), (Gaius, comm. 4, § 29).

En dehors des cas de la *pignoris capio*, la seule voie d'exécution que nous citent les textes consiste dans la contrainte, soit conventionnelle dans les *nexi*, soit judiciaire dans les *addicti* exercée sur la personne du débiteur.

Le nom des *nexi* vient du mot *nexum*, forme antique du contrat chez les Romains, dont l'application paraît avoir été très générale et s'être étendue également aux translations de propriété et obligations. Le *nexus* était celui qui, en contractant suivant cette forme (*per æs et libram*), avait engagé sa personne pour sûreté de l'obligation; et, c'était toujours à l'occasion des prêts d'argent qu'intervenait cet engagement. Que cette sanction de l'obligation naquit de plein droit du prêt fait de cette manière ou qu'elle fût produite par une clause insérée dans le contrat et passée en usage, il en résultait que le créancier non payé à l'échéance avait le droit de saisie sur la personne du débiteur; il l'emmenait dans sa maison, là, il avait le droit de le lier, *vincire*, de l'employer aux travaux serviles jusqu'à ce qu'il eût gagné de quoi payer sa dette. Ce débiteur *nexus* conservait sa qualité d'ingénu, il n'y avait pas même suspension de ses droits politiques, il engageait seulement son travail pour l'acquittement de sa dette : *Liber qui suas operas in servitutem pro pecuniâ quam debet, dat, dùm solveret, nexus vocatur ut ab œre obœratus* (Varron, de lingua latina lib. 7, § 105). Le *nexum* amenait dans la pratique des résultats révoltants dont Tite-Live surtout nous a conservé les détails. Les *nexi* étaient en butte à toutes sortes de mauvais traitements et d'outrages de la part des créanciers. Aussi, après plusieurs séditions de la *plebs*, la loi *Pœtilia Papiria* de l'an 428 de Rome proclama l'abolition du *nexum* en déclarant nulle toute convention qui donnerait droit de gage au créancier sur la personne ou sur les *operœ serviles* du débiteur : « *Pecuniœ creditœ bona debitoris, non corpus obnoxium esset.* » (Tite-Live, lib. 8, n° 28). Cette loi *Pœtilia* est considérée par Tite-Live comme le point de départ de la liberté plébéienne : *Eo anno plebi romanœ velut aliud initium libertatis factum est, quod necti desierunt* (lib. 8, 26).

Quand la garantie du *nexum* n'avait pas été donnée, le créancier devait s'adresser à la justice pour faire condamner le débiteur ; et si le débiteur condamné n'exécutait pas dans les trente jours, il y avait procédure de la *manûs injectio*, c'est-à-dire que le créancier amenait de nouveau son débiteur devant le magistrat qui prononçait *l'addictio*. *L'addictus* était livré à son créancier qui pouvait le retenir en prison chez lui, le charger de fers, le traiter comme esclave, bien qu'en fait il ne subit aucune *capitis deminutio* ; mais si après un nouveau délai de soixante jours, pendant lequel certaines formalités s'accomplissaient, le paiement n'avait pas eu lieu, le créancier pouvait le vendre à l'étranger comme esclave, et, quand il y avait plusieurs créanciers, il leur était permis de tuer le débiteur commun et de se le partager (Aulu-Gelle, xx, 1). La loi *Pœtilia* ne supprima pas *l'addictio*, mais elle défendit seulement de charger de chaînes *l'addictus* (Denys d'Hal., xvi, 9).

Telles étaient dans toute leur rigueur les voies d'exécution sur la personne sous le système des actions de la loi. Faut-il admettre que durant toute cette période de six siècles environ, les Romains, en dehors des cas de la *pignoris capio*, sont restés étrangers à la voie si naturelle et si simple de poursuivre sur les biens du débiteur le paiement de ce qu'il devait? Je ne le pense pas. Les historiens nous apprennent que le peuple romain demandait dans ses réclamations et dans ses vœux qu'il n'y eût d'autre exécution que celle sur les biens (Denys d'Hal., vi, 37, 41. — Tite Live, liv. ii, 23 et 24). Servius Tullius, dans un discours qu'il adresse aux Romains avant son élévation au trône, leur promet d'obliger les créanciers à se contenter des biens de leurs débiteurs et à respecter du moins leurs personnes (Denys d'Hal., iv, 19). Nous avons déjà cité les dispositions de la loi *Pœtilia* qui fut accueillie par le peuple avec tant de joie : « *Pecuniæ creditæ bona debitoris...* » Enfin lors de la retraite des plébéiens sur le Mont-Sacré, un d'eux répondant aux envoyés du Sénat dit que « les plébéiens n'ont ni terres ni domicile paternel qui les attachent à Rome; que les guerres, les disettes, les rigueurs des créanciers les ont dépouillés, et qu'ils se sont vus obligés de cultiver pour ceux-ci leurs propres héritages. » (Denys d'Hal., vi, 79).

Quoi qu'il en soit, sans nous perdre dans les conjectures, constatons que l'exécution sur les biens prit un large développement à partir de l'introduction de *la bonorum venditio.* C'est à un préteur du nom de *Publius Rutilius* qu'est attribuée l'introduction de ce mode d'exécution (Gaius comm. 4, § 35). On pense généralement que ce *Publius Rutilius* est celui dont parle Cicéron dans divers passages (pro Plancio, 21 — de Oratore, 11, 69 — Brutus, 22 et 30) et qui fut consul en 649, et qui comme jurisconsulte et comme orateur eut une assez grande réputation. Ce serait à la fin du sixième ou à la première moitié du septième siècle de Rome que remonterait l'introduction de cette procédure que nous voyons en pleine vigueur au temps de Cicéron et dès l'époque de sa jeunesse, car sa première plaidoirie *pro Quintio* prononcée en 672, est précisément relative à cette voie d'exécution.

Et ici, comme dans toutes les autres matières du droit, le préteur a plutôt imité, étendu, modifié les anciennes institutions qu'imaginé des moyens tout nouveaux. En effet la *venditio bonorum* est une imitation presque fidèle de la *manûs injectio*, avec cette différence qu'au lieu de la personne, c'est l'universalité des biens du débiteur qui en fait l'objet. La personnalité juridique, c'est-à-dire l'ensemble de tous les droits actifs ou passifs qu'avait le débiteur a pris la place de la personnalité physique : on applique à l'une ce qui, dans l'action de la loi, s'appliquait à l'autre. Ainsi le délai qui doit s'écouler entre la sentence ou *confessio in jure* et le décret d'envoi en possession est de trente jours : ce sont les *triginta dies justi* qui précèdent la *manûs injectio*. Au délai de soixante jours qui sépare l'*addictio* de la vente de l'*addictus*, correspond un délai de soixante jours qui sépare l'envoi en possession de la vente.

Le résultat de la *bonorum venditio* est de constituer celui qui se rend acquéreur, successeur universel du débiteur ; il n'est pas précisément héritier, mais il est *loco heredis*. Or, cette idée même de la transmission de l'ensemble des droits d'une personne à une autre qui achète cette succession d'un homme vivant, a été vraisemblablement puisée dans ce qu'on appelait la *bonorum sectio*, institution consacrée par le *jus civile.*

La *sectio bonorum* est une vente en masse du patrimoine qui s'applique aux biens de celui qui, sur une accusation publique (*per judicium publicum*) a été criminellement condamné (*damnatus et proscriptus*) à une peine entraînant application de ses biens au trésor public (*publicatio*). On vendait ainsi les biens des proscrits et de ceux qui avaient été tués dans les rangs des ennemis (Cicéron, pro Rocio, 43). Les biens du grand Pompée furent ainsi, après sa mort, mis en vente par César. (Cicéron, Philip. ii, ch. 26). Le Préteur envoyait les Questeurs du trésor en possession de l'universalité des biens, et ceux-ci en faisaient publiquement la vente sous le symbole quiritaire de la propriété civile (*sub hastâ*). — (Cicéron, op. cit.). Ceux qui acquéraient cette masse universelle de biens étaient les successeurs selon le droit civil de celui dont les biens avaient été vendus ; aussi étaient-ils tenus de ses obligations , et notamment des indemnités dues à raison du crime pour lequel il avait été condamné. (Asconius in Verrem i, 20). La vente se faisait moyennant un certain prix en argent que l'acheteur payait au Trésor (Cic., Philip. ii, ch. 29). A l'égard de la *venditio* sur la poursuite des créanciers, l'achat avait lieu en promettant de payer une certaine partie des dettes, attendu qu'il s'agit ici en général de personnes insolvables.

La *sectio bonorum* faisait acquérir la propriété *ex jure Quiritium* (Varron, de re rusticâ, ii, 10) ; et, comme l'intention de ces acquéreurs était communément de revendre ensuite les biens en détail, on les appela pour cela *sectores* (Asc. i, 23). Ils avaient du reste pour se faire mettre en possession des biens, un interdit appelé *sectorium.* Cet interdit est rapproché par *Gaius* de l'interdit *possessorium* qui est accordé au *bonorum emptor* (Comm. 4 §§ 145 et 146).

Tel était le système qu'admettait le droit civil et qui servit de modèle au Préteur. Il introduisit dans le droit privé et au profit des créanciers ce qui existait au profit du fisc ; et, de plus, il prit à l'ancienne exécution sur la personne tout ce qu'il pouvait y prendre pour l'appliquer à la vente des biens. L'*addictio*, du reste, ne fut pas supprimée ; les textes du Digeste et du Code nous prouvent qu'elle a survécu à toutes les révolutions du régime des dettes chez les Romains.

Nous pouvons maintenant aborder l'étude de la *venditio bonorum*. Dans ce mode d'exécution sur les biens, il y a deux périodes bien tranchées : l'*envoi en possession* et la *vente*. Nous étudierons successivement ces deux phases de la procédure, ce qui divisera naturellement notre travail en deux chapitres.

CHAPITRE PREMIER.

DE L'ENVOI EN POSSESSION DES BIENS DU DÉBITEUR.

Le préteur accorde l'envoi en possession toutes les fois qu'il veut protéger efficacement des intérêts que le droit civil ne garantit pas suffisamment. Ulpien (L. 1, D. quib. ex caus. in possess. eatur 22, 4) énumère les principaux cas d'envoi en possession : « *Tres ferè causæ sunt, ex quibus in possessionem mitti solet, rei servandæ causâ, item legatorum servandorum gratiâ, et ventris nomine : damni enim infecti nomine, si non caveatur, non in universorum nomine fit missio, sed rei tantùm de qua damnum tueatur.*» Nous n'avons à nous occuper que d'un seul cas d'envoi en possession, celui qui est accordé aux créanciers et que les jurisconsultes romains , notamment Ulpien, appellent *rei servandæ causâ.*

Cet envoi en possession accordé aux créanciers constitue un acte conservatoire ou un moyen indirect de contrainte, mais non pas un acte d'exécution offrant un caractère définitif. Ceux qui ont obtenu l'envoi ne sont que détenteurs précaires des biens du débiteur dont ils ont seulement l'administration, de telle sorte que celui-ci est frappé de dessaisissement, comme l'est en Droit français le commerçant failli.

Nous aurons à rechercher, en groupant nos développements sous sept sections différentes :

1º Dans quels cas a lieu l'envoi en possession ;
2º Comment il s'obtient ;
3º Qui peut le demander et à qui il profite ;
4º Sur quels biens il a lieu ;
5º Quels effets il produit;
6º Comment sont administrés les biens ;
7º Comment finit cet envoi en possession.

SECTION I.

Des cas dans lesquels a lieu l'envoi en possession.

Les cas dans lesquels a lieu l'envoi en possession nous sont indiqués par Cicéron (pro Quintio, § 19) et par Gaius (comm. 3, § 78), et ils peuvent tous se ramener à deux idées : exécution d'une décision judiciaire et défaut de suffisantes défenses.

La première idée comprend le cas d'une sentence mise à exécution, celui aussi où l'exécution résulte d'une *confessio in jure*, assimilée quant à ses effets à une sentence, et, en outre, le cas de cession de biens qui suppose une sentence ou un aveu de la dette.

Dans la seconde idée rentrent tous les autres cas ; en effet, on trouve toujours un débiteur non valablement défendu, que cela provienne — de son absence, — ou de de son refus, — ou de son incapacité, — ou de la *capitis deminutio* qu'il a subie, — ou de ce que la succession du débiteur n'est pas acceptée ou l'est par un héritier n'offrant pas des garanties suffisantes.

En partant de la première idée, l'envoi en possession a lieu à la suite d'une *sentence* ou d'une *confessio in jure.* Le débiteur avait pour exécuter le jugement un délai de trente jours, selon la loi des Douze Tables, de quatre mois sous Justinien, délai qui pouvait selon les cas être étendu ou restreint : « *Item judicatorum*, dit Gaius, *post tempus quod eis, partim lege XII tabularum, partim edicto prætoris ad expediendam pecuniam tribuitur.* » (Comm. 3, § 78 in fine).

La cession de biens nous offre le second cas d'envoi en possession. C'est seulement à partir d'une loi *Julia* que le débiteur a pu se soustraire aux voies d'exécutions sur la personne en faisant abandon de tous ses biens. Cette origine de la cession de biens est attestée par la Constitution 4 de Dioclétien et de Maximien au Code de Justinien, qui nous apprend en même temps que ce bénéfice, admis par la loi *Julia* pour l'Italie seulement, fut ensuite par des Constitutions impériales étendu aux provinces (L. 4, C. 7, 71). Quant à la loi *Julia* on ne sait s'il faut l'attribuer à César ou à Auguste. C'est probablement une des lois *Juliæ judiciariæ* qui appartiennent au commencement du huitième siècle de Rome (d'après les conjectures en 708 ou en 729).

La cession de biens devait être précédée d'une condamnation ou d'un aveu devant le magistrat, *confessio in jure;* en effet, c'est une ressource donnée au débiteur menacé de l'exécution sur la personne, laquelle n'est possible qu'en vertu d'une sentence ou d'un aveu judiciaire. Cependant Ulpien (L. 8, D. de cessione bon. 42, 3) nous dit que la cession peut avoir lieu après un aveu extrajudiciaire : « *Qui cedit bonis antequàm debitum agnoscat, con-*

demnetur vel in jus confiteatur, audiri non debet. » De même Marcien : « *Bonis cedi non tantùm in jure sed etiam extra jus potest. Et sufficit, et per nuntium vel per epistolam id declarari,* » (L. 9, D. de cess. bon.) Mais évidemment ces textes ont été interpolés par les rédacteurs du Digeste qui ont voulu les mettre d'accord avec la législation de Justinien. Il suffit de lire la loi 8 pour s'en convaincre : d'abord le mot général *agnoscat* rendait inutile la mention spéciale de la *confessio in jure* qui doit avoir au moins autant de force que tout autre aveu. Et de plus, la restriction que cette disposition apporte ne se comprend plus guère. En effet, du moment qu'un aveu extrajudiciaire suffit, le créancier ne pourra en aucun cas repousser la cession, attendu que cette cession même implique nécessairement cet aveu. Je crois donc que le texte d'Ulpien portait seulement : « *antequàm condemnetur vel in jus confiteatur.* » Quant à la loi 9 de Marcien, nous verrons bientôt qu'elle a été aussi interpolée, sans quoi elle démentirait formellement la loi 6 au Code, livre 7, titre 71 que nous allons expliquer.

La cession de biens exigeait autrefois certaines formalités. Une constitution de Théodose, qui forme la loi que nous venons de citer, s'exprime ainsi : « *In omni cessione bonorum, ex quâlibet causâ faciendâ, scrupulositate priorum legum explosâ, professio sola quœrenda est.* » Il y avait donc dans le droit antérieur certaines formes dont le but était d'assujettir celui qui faisait la cession de biens à certains actes symboliques ou humiliants. Il en fut ainsi dans notre ancien droit, et aujourd'hui l'art. 901 du code de Procédure exige que la cession soit renouvelée en justice. Il est vraisemblable qu'en droit romain la *cessio* se faisait *in jure*, devant le magistrat, le mot *professio* convient à cette idée. Théodose supprima les rites symboliques, et Justinien abolit même la nécessité d'une déclaration en justice : « *Sufficit per nuntium vel per epistolam id declarari.* » (L. 9, D. de cess. bon.) Ce texte est attribué à Marcien ; mais il a été évidemment interpolé, sans quoi il démentirait formellement ces mots de la Constitution de Théodose : « *Scrupulositate priorum legum explosa.* »

Quels sont les effets de la cession de biens ? Le principal était de ne permettre aux créanciers que l'exécution sur les biens et non la contrainte par corps : *qui bonis cesserint*, dit une Constitution de l'empereur Alexandre, *nisi solidum creditor receperit, non sunt liberati. In eo enim tantummodo hoc beneficium eis prodest ne judicati detrahantur in carcerem* (L. 1, C. Qui bonis cess. 7, 71). Du reste, si la cession de biens ne libère pas le débiteur, elle lui permet du moins d'opposer l'exception *nisi bonis cesserit* s'il n'a pas acquis de nouveaux biens, et, s'il en a acquis, de n'être condamné que *in quantum facere potest* (LL. 4 et 6, D. de cess. bon.).

En outre, elle évitait au débiteur l'infamie qui résultait ordinairement de la vente du patrimoine (L. 11, C. qui bonis cessit) ; bien que pourtant elle infligeât une certaine humiliation (Novelle 135 de Justinien. — Novelle 4, ch. 3. — Cicer. Philipp. ii, 18. — Pline 33, 2).

Enfin elle ne transférait nullement aux créanciers la propriété des biens du débiteur (L, 4, c. qui bon. cess.) ; elle leur promettait seulement de se faire envoyer en possession par le magistrat (Gaius comm. 3, § 77), et la possession ainsi obtenue était essentiellement précaire ; jusqu'à la vente, le débiteur peut reprendre les biens qu'il a abandonnés en payant ce qu'il doit. (L. 2, c. qui bon. cess.).

La cession doit comprendre tous les biens sauf ceux que nous verrons exceptés de la *venditio*. D'où, la première condition pour faire cession est d'avoir des biens. Cependant une Constitution de Justinien qui forme la loi 7 au

Code (qui bon. cess. 7, 71), en reconnaissant aux fils de famille le droit de faire cession quand ils ont des biens dans leurs pécules, leur accorde cette faveur même quand ils n'ont pas de biens ; leurs créanciers pourront seulement faire vendre les biens qu'ils acquerront dans la suite,

Tous les débiteurs avaient-ils le droit de faire cession de biens ? je le pense. Aucun texte du *Corpus Juris* ne met la bonne foi comme condition de ce bénéfice ; or, comment une restriction si importante ne serait-elle mentionnée nulle part dans le recueil de Justinien ? La Novelle 135 accorde aux débiteurs malheureux et de bonne foi une faveur plus grande encore que celle de la cession de biens, celle de jurer simplement qu'ils n'ont pas de quoi satisfaire leurs créanciers. C'est donc que ce bénéfice s'appliquait même aux débiteurs de mauvaise foi. Cependant la plupart des auteurs soutiennent que la cession de biens ne pouvait être faite que par les débiteurs malheureux et de bonne foi.

Ils s'appuient d'abord sur la persistance de l'exécution sur la personne, qu'Aulu Gelle nous indique en termes formels dans ses *Nuits Attiques* (xx, 1). Or, si tous les débiteurs pouvaient faire cession de biens, comment s'expliquer que la contrainte par corps se soit encore pratiquée ? Je réponds que ceux qui n'ont pas de biens resteront toujours en dehors du bénéfice de la cession, et, quand on songe au nombreux prolétariat qui existait à Rome, la continuation des exécutions sur la personne n'a pas lieu de surprendre.

On invoque encore la constitution I au code Théodosien (qui ex lege juliâ bon. ced). Les empereurs Gratien, Valentinien et Théodose prennent la disposition suivante : « *Ne quis omnino fisc. debitor, vel alienæ rei in auro atque in argento diversisque mobilibus retentator ac debitor, bonorum faciens cessionem, liberum a repetitione plenissimâ nomen effugiat, sed ad redhibitionem debitæ quantitatis, congruâ atque dignissima suppliciorum acerbitate, cogatur. Nisi forte propriorum dilapidationem bonorum aut latrociniis adrogatam, aut naufragiis incendioque conflatam vel quolibet majoris impetus infortunio atque dispendio, docuerit efflictum »* La question n'est-elle pas tranchée? Non ; et d'abord, eût-elle été tranchée par les empereurs, la distinction est abrogée par Justinien en conséquence de l'omission qu'il en a faite. En outre, on peut croire que les *debitores fisci* sont les contribuables, et les *retentatores alienæ rei*, les officiers chargés de la perception et comptables envers le fisc. Ces débiteurs, s'ils n'ont été malheureux, si, par exemple, ils n'ont pas été dépouillés par les voleurs, par le naufrage, l'incendie, ou autre cas de force majeure, ne pourront faire cession. Et cette interprétation est d'autant plus vraisemblable que je la trouve confirmée dans une autre loi du code Théodosien (la loi 4 du même titre) dont l'objet est également de refuser aux débiteurs du fisc la cession de biens : « *Nemo susceptor, vel exactor, vel debitor fisci duntaxat, cessionem bonorum faciens, intentionem publicæ necessitatis evadat.* »

Enfin on invoque un passage de Sénèque (de beneficiis 1, 16) où ce philosophe semble faire cette distinction. Mais dans ce texte, Sénèque se demande pourquoi les anciens Romains n'ont pas plus distingué les débiteurs de bonne foi des débiteurs de mauvaise foi « *Quid? tu tàm imprudentes judices majores nostros fuisse ut non intelligerent iniquissimum esse eodem loco haberi eum qui pecuniam quam a creditoribus acceperat, libidine aut alea absumpsit, et eum qui incendio, aut latrocinio, aut aliquo casu tristiore, aliena cum suis perderet?* » Et il les justifie en disant qu'il n'ont pas voulu tenir compte de la différence, de peur que l'admission d'excuses fondées dans certains cas ne favorisât la mauvaise foi du grand nombre : « *Nullam excusationem receperunt, ut homines scirent fidem utique præstandam. Satius enim erat a paucis etiam justam excusationem non accipi quàm ab omnibus aliquam tentari.* » Assurément il n'y a rien à induire de là pour ce qui concerne la cession de biens.

Pour terminer cette matière, mentionnons la constitution 8 de Justinien *qui bon. ced. poss.,* d'après laquelle les créanciers ont une option entre la cession de biens et un délai de cinq ans accordé au débiteur, option qui leur est accordée par le prince sur la demande du débiteur. C'est le vote de la majorité qui doit l'emporter, et cette majorité se calcule d'après le montant de créances; ce n'est qu'à égalité de sommes que l'on considère la majorité en nombre ; s'il y a égalité de sommes et de nombre, c'est le délai qui est accordé : les créanciers hypothécaires délibèrent comme les autres.

Nous allons maintenant examiner les cas d'envoi en possession qui sont le résultat d'une défense insuffisante.

Le magistrat accorde l'envoi en possession quand le débiteur est absent ou n'est pas suffisamment défendu.

Quand la *litis contestatio* a eu lieu, l'absence du débiteur n'empêche pas la sentence. Si c'est le demandeur qui fait défaut, on jugera sur la plaidoirie du défendeur (L. 28 pr. D. de appellat. 49,1), Si c'est le défendeur, il faudra recourir à la procédure de contumace que nous indique Paul dans ses sentences (lib. v, tit. 5, a. § 7).

Mais quand la *litis contestatio* n'avait pas eu lieu, la procédure par contumace était impossible. C'est pourquoi le préteur employa la *missio in possessionem* pour suppléer à la procédure par défaut. Ulpien (L. 2 pr. D. 42,4) nous donne le texte de l'édit : « *In bona ejus qui judicio sistendi causà fidejussorem dedit, si neque potestatem sui faciet neque defenderetur, ire jubebo.* » Ce texte suppose le cas où il y a *vocatio in jus* et caution donnée de se présenter ; il ne prévoit pas le cas où la *vocatio in jus* est elle-même impossible. Mais il doit en être de même dans ce cas à plus forte raison. Comme le dit Doueau (comm. jur. civ. liv. 23, ch. 2, n° 4) l'édit prévoit formellement le cas qui pouvait faire doute, à raison de la possibilité d'agir contre des fidéjusseurs et sous-entend celui pour lequel le doute ne pouvait pas exister. On peut encore supposer avec son annotateur Hillinger que la partie de l'édit relative à ce cas ne nous est pas parvenue (comparez L. 7. § 2, ex quib. ex caus, in possess. — L, 21, § 2, ex quib. caus. maj.— L. 7, § 17, quib. ex caus. in possess). Ainsi l'envoi en possession a lieu toutes les fois que le débiteur absent, soit volontairement, soit involontairement, n'est pas défendu.

Quand doit-on considérer le débiteur comme *indefensus* ?

Il faut pour cela que personne ne se présente pour défendre à l'action, ou du moins que personne ne se présente en fournissant la *cautio judicatum solvi*. De plus, il n'y a de défense valable que celle qui persévère jusqu'à la fin de l'instance (L. 63. de judiciis — L. 5, § 3, judicatum solvi — L. 21, § 3, ex quib. caus. maj.)

Il peut se faire que le défendeur absent ne soit pas *indefensus*. Ulpien (L. 2, § 3, D. 42,4) pose cette règle : « *Defendi videtur qui per absentiam suam in nullo deteriorem causam adversarii fecerit.* » Il en sera ainsi toutes les fois que n'était pas fondé le prétendu droit invoqué par le demandeur, ou que, fondé en droit civil, il pouvait être repoussé par une exception (L. 7. § 14, eod. tit.) Dans ce cas, l'envoi en possession sera frappé de nullité.

Enfin si le demandeur n'avait pas observé les règles de la compétence il ne pouvait pas obtenir l'envoi en possession. Le droit romain reconnaissait la compétence simultanée de divers tribunaux. Le demandeur pouvait actionner son adversaire à Rome, la patrie commune, quand celui-ci s'y trouvait ; hors de Rome, le demandeur devait aller plaider devant le tribunal du défendeur: « *Actor forum sequitur rei.* » Dans certains cas, les règles ordinaires de la compétence ne s'appliquaient pas. C'est ainsi qu'on ne pouvait poursuivre à Rome celui qui s'y trouvait temporairement retenu par suite d'un service public, à moins qu'il ne s'agit d'obligations contractées pendant ces fonctions. Il en était de même pour le débiteur appelé à Rome à raison d'une affaire qui lui était étrangère ou pour celui qui y plaidait sur l'appel d'une sentence rendue contre lui, ou par suite d'un renvoi de son affaire devant l'Empereur (L. 2, §§ 3 à 5 de jud. — L. 13, quib. ex caus. in possess.) Dans de telles circonstances, on n'aurait pas encouru l'envoi en possession en ne se défendant pas à Rome. Mais on devait alors se défendre dans sa province, et là il y aurait pu avoir envoi en possession. (L. 4, C. de rest. milit. — L, 13, quib. ex caus. in possess. — L. 1, eum qui appel.) L'exil temporaire, la captivité chez l'ennemi n'empêchaient pas non plus l'envoi en possession (LL. 13 et 6, § 2, D. quib. ex caus. in pos.)

Justinien dans la novelle 69 (ch. 2 et 3) a fait l'application de la procédure par contumace au cas de défaut du défendeur avant la *litis contestatio*, si, averti de l'action dirigée contre lui, il ne se met pas en mesure de se défendre (*qui per contumaciam deerit*); de sorte que cette novelle laisse subsister la *missio in possessionem* à l'égard de celui qui n'a pas pu absolument comparaître.

Il y aura encore lieu à l'envoi en possession, lorsque le défendeur refusera ou sera incapable de se défendre. Ulpien assimile celui qui étant présent refuse de se défendre à celui qui se cache pour échapper à ses créanciers: « *Non tantùm qui lotitat, sed et is qui præsens negat se defendere, aut non vult suscipere actionem* » (L. 52, D. de regulis juris 50, 17).

La défense peut se trouver impossible à raison de l'incapacité du débiteur, si c'est un pupille qui n'a pas de tuteur, ou que son tuteur ne défend pas, *pro absente habendus est* dit Ulpien (L. 10, D. quib. ex causis in pos.) En ce cas, du reste, le Préteur avant d'envoyer le créancier en possession, a soin d'appeler d'abord le tuteur, puis les parents, tous ceux enfin qu'un lien quelconque unit au pupille, et n'accorde la *missio in bona* que sur le refus fait par toutes ces personnes de se charger de la défense (L. 5, pr. et § 1 eod. tit.)

Il en sera de même pour le fou, le prodigue, le mineur de vingt-cinq ans et tous ceux qui ont des curateurs : *sui non sunt idonei defensores* (même loi).

L'envoi en possession pouvait être accordé à la suite d'une *minima capitis deminutio*. Il ne peut être question de la *maxima*, ni de la *media capitis deminutio*, attendu que dans celles-ci, les créanciers de la personne qui en était frappée, s'adressaient directement à ceux qui avaient recueilli son patrimoine (L. 2, pr. D. de cap. min. 4, 51). En droit romain, la *minima capitis deminutio* éteignait toutes les obligations à la charge de celui qui la subissait (Gaius comm. 3, § 84), du moins toutes celles qui naissaient *ex contractu* ou *quasi ex contractu* (Loi 2, § 3, de cap. min.) Pour corriger cette iniquité, le Préteur donnait aux créanciers du *capite minutus* la *restitutio in integrum*, c'est-à-dire qu'il regardait la *capitis deminutio* comme n'ayant jamais eu lieu, *rescisâ capitis deminutione;* les créanciers attaquaient leur débiteur, et si le père adoptif ou celui qui avait acquis la *manus* ou le *mancipium* ne venait pas défendre à l'action, les créanciers obtenaient l'envoi en possession de tous les biens qui, sans la *capitis deminutio*, auraient appartenu à leur débiteur (Gaius comm. 3, § 84).

D'après les Instituts de Justinien (§ 3 De acquis per adrog., liv. 3, t. 10.) L'adrogeant est attaqué au nom de son fils, *nomine filii convenitur*. L'effet d'ailleurs est le même : si l'adrogeant ne défend pas à l'action, il y aura envoi en possession des biens de l'adrogé.

Les créanciers d'un défunt dont la personne ne sera pas représentée, c'est-à-dire dont la succession ne sera recueillie par aucun héritier ni par le fisc, pourront se faire envoyer en possession des biens de ce *de cujus* : « *si bona debitoris tui vacare constet*, écrivent les empereurs Dioclétien et Maximien, *et hæc à fisco non agnoscuntur, in possessionem eorum mitti te a competente judice recte postulabis.* » (L. 5, c. 7, 72).

Le bénéfice d'abstention du fils héritier sien et nécessaire produit, à l'égard des créanciers, l'effet d'une répudiation.

La loi 8 d'Ulpien, *quibus ex causis in possessionem*, pose le principe suivant : qu'il suffit, pour donner lieu à l'envoi en possession, d'une incertitude prolongée sur le point de savoir si la succession sera recueillie. Le magistrat aura alors à apprécier les circonstances : « *si diù incertum sit heres extaturus, necne sit, causâ cognità permitti oportebit bona rei servandæ causâ possideri.* » Ainsi, cet envoi en possession peut avoir lieu pendant le délai accordé à l'héritier pour délibérer. (L. 3, de curat. fur. — L. 9, § 1, De quib. ex causis in pos.) De même, en cas d'institution sous condition potestative, un délai sera, sur la demande des créanciers, fixé à l'héritier pour l'accomplir; passé ce délai, on en viendra à l'envoi en possession et à la vente. (L. 4. pr. de reb. auct. jud.); ce qui du reste peut également avoir lieu à titre conservatoire en cas de condition casuelle, si l'incertitude se prolonge.

Enfin voici un dernier cas d'envoi en possession prévu par la loi 31 *de rebus auctoritate judicis possid. seu vend.* (D. 42. 5). La succession du débiteur défunt est acceptée par un héritier qui paraît suspect aux créanciers. Ceux-ci

réclament et obtiennent du préteur que l'héritier soit forcé
de leur fournir une caution. L'héritier refuse ; le magistrat enverra alors les créanciers en possession des biens
de cet héritier, mais en décidant auparavant, d'après ses
ressources pécuniaires, non d'après son honnêteté, s'il est
réellement suspect.

Du reste les créanciers, à moins de prouver le dol de
l'héritier, ne sont recevables à demander cette caution, et
à défaut cet envoi en possession, que s'ils le font dans un
bref délai depuis l'adition d'hérédité. De plus, ils s'expo-
sent à l'action d'injures s'ils ont à tort représenté l'héritier comme suspect à raison de son dénûment.

SECTION II.

Comment s'obtient l'envoi en possession.

C'est aux magistrats supérieurs que les créanciers devaient s'adresser pour faire exécuter la sentence du juge
et notamment pour obtenir l'envoi en possession. Ces magistrats étaient: à Rome, les préteurs et les édiles dans la
limite de leur juridiction ; en Italie, les magistrats muni-
cipaux ou les *præfecti* envoyés de Rome; dans les provinces, les gouverneurs. Parmi ces magistrats on s'adressait
à celui qui avait nommé le juge : *a Divo Pio rescriptum
est, magistratus populi Romani, ut judiciorum a se datorum
vel arbitrorum sententiam exequantur hi qui eos dederunt.*
(L. 15, pr. D. 42, 1. fr. Ulpiani).

Il pouvait se faire qu'une sentence émanée d'un magistrat ou du juge par lui constitué, fût exécutée par ordre
d'un autre magistrat : « *sententiam Romæ dictam etiam in
provinciis posse Præsides, si hoc jussi fuerint, ad finem
persequi imperator noster cum patre rescripsit.* » Ce texte
nous indique à quelle condition le Président de la province faisait exécuter une sentence rendue à Rome : *si hoc*

jussi fuerint prœsides ; les présidents recevaient sans doute une commission rogatoire du magistrat qui avait rendu la sentence.

Ainsi d'une manière générale toutes les fois qu'il s'agit d'une exécution personnelle, c'est le magistrat qui a donné l'action qui fait exécuter la sentence. Toutes les fois qu'il s'agit d'une exécution sur les biens, la compétence du magistrat chargé de l'ordonner est déterminée par la situation, et ce magistrat procède en quelque sorte au nom de celui qui a rendu la sentence ou nommé le juge.

Nous n'admettons pas que la situation des biens détermine la compétence du magistrat lorsqu'il s'agit d'une exécution sur l'ensemble du patrimoine. C'est alors tout le patrimoine, la personne juridique du débiteur en quelque sorte qui est en cause ; car, après la *venditio bonorum,* *l'emptor* est considéré comme un successeur prétorien et se trouve *loco heredis.* De telles voies d'exécution ont un caractère d'unité, d'indivisibilité, et ne peuvent pas supporter des décisions multiples, diverses, contradictoires peut-être. Il faut donc s'adresser à un seul magistrat pour obtenir l'envoi en possession, au magistrat qui a été compétent pour accorder l'action aux créanciers. Ce principe est proclamé, pour la vente dans les trois premières lois du titre 5, livre 42 au Digeste, de *reb. auct. judicis possid. seu vendendis ;* Gaius dit : « *Venire bona ibi oportet ubi quisque defendi debet..... Ubi domicilium habet..... »* Quant à l'envoi en possession, un texte de Paul semble donner une solution contraire : « *Is qui possidere jubetur eo loco jussus videtur, cujus cura ad jubentem pertinet. »* (L. 2, § 1, D. 42, 5). Quelque positif que soit ce dernier texte, nous pensons que le même magistrat seul compétent pour permettre la vente, est aussi le seul compétent pour ordonner l'envoi en possession. D'abord, c'est le

seul système logique, le seul qui puisse éviter des contrariétés de jugements si nuisibles au respect de la justice. De
plus, pourquoi faire une distinction entre la vente et l'envoi en possession? J'aime mieux supposer que le texte de
Paul ne se trouvait pas rapporté par ce jurisconsulte à
l'endroit où il se trouve maintenant, mais qu'il avait
rapport, selon le sens habituel de l'expression *possidere
jubetur*, à l'envoi en possession *ex secundo decreto* au cas
de *damnum infectum*. On peut encore expliquer ce texte
d'une autre manière. Il existait sans doute, dit Voët, un
seul décret sérieux d'envoi en possession; ce décret était
rendu par le magistrat compétent, et les magistrats dans
le ressort desquels se trouvaient les biens sur lesquels ils
statuaient le rendaient exécutoire dans l'étendue de leur
juridiction. C'était en quelque sorte un *exequatur* qu'accordaient ces magistrats, appelés à statuer pour la forme.

Enfin n'oublions pas que sous le règne de Justinien, à
l'époque de la réunion des textes du Digeste, la vente en
masse du patrimoine n'est plus admise; il est aisé de concevoir qu'à cette époque les créanciers soient dans la
nécessité de demander l'envoi à chaque magistrat.

Maintenant que nous connaissons le magistrat compétent pour ordonner l'envoi en possession, demandons-
nous si c'était à l'audience, *pro tribunali*, ou bien par
simple ordonnance sur une requête, *de plano*, que le magistrat envoyait en possession.

Il nous faut auparavant résoudre la question de savoir
si toute demande d'envoi exigeait ou non une *causæ cognitio*, car toutes les fois que la *causæ cognitio* était nécessaire, le magistrat ne pouvait prononcer qu'à l'audience
pro tribunali : Omnia quæcumque causæ cognitionem desiderant, per libellum expediri non possunt. (L. 71, Ulpien,
D. de reg. jur., 50, 17).

Dans tous les cas, le demandeur doit faire constater le

fait donnant lieu à l'envoi en possession. Mais cette simple constatation, s'il n'y a pas en même temps à faire la preuve de son droit, peut être considérée comme ne constituant pas une *causæ cognitio.*

Examinons les différents cas de la *missio in possessionem.*

Dans le cas de l'exécution d'une sentence ou d'une *confessio in jure* la preuve du fait donnant lieu à l'envoi se confond avec la preuve du droit ; mais, comme à ce moment des difficultés pouvaient être soulevées et *l'action judicati* demandée, le Préteur ne devait accorder l'envoi que *causâ cognitâ,* et par suite à l'audience, *pro tribunali.*

Au cas de cession de biens si l'envoi en possession était nécessaire , il eût pu sans doute être donné *de plano.*

Quid en cas du débiteur non défendu? Je crois que la justification du droit du créancier n'était pas nécessaire, qu'il n'y avait qu'à faire constater le défaut et que par conséquent l'envoi pouvait être prononcé *de plano per libellum,* Ulpien nous parle d'un envoi en possession *ob falsum creditum vel ob falsam petitionem.* (L. 1, § 5, D. 43, 4).

Dans le discours *pro Quintio,* Cicéron, après la constatation du défaut prétendu de Quintius , nous représente Mævius demandant et obtenant du préteur l'envoi en possession, sans qu'il soit besoin d'autres formalités. (ch. 6).

Quand le débiteur se cache (*latitat*), la *causæ cognitio* était exigée sans doute parce que la vente des biens doit suivre de près l'envoi en possession. (L. 18, Julien, D. Si servitus vindicetur vel ad al. pert. neg., 7 ; 5).

A l'égard des incapables, les précautions prises pour constater qu'ils étaient bien réellement *indefensi* (L. 5, § 1, D. quib. ex caus. in possess.) me paraissent indiquer qu'on devait à plus forte raison exiger de la part de celui qui réclamait l'envoi en possession la preuve de sa créance.

Enfin la nécessité de la *causæ cognitio* me paraît aussi vraisemblable au cas de demande d'envoi en possession des biens d'une succession. Il y avait d'ailleurs, ainsi que nous l'avons expliqué en la première section ci-dessus, à apprécier si les circonstances donnaient lieu à l'envoi en possession.

SECTION III.

Qui peut demander l'envoi en possession et à qui il profite.

Chacun des créanciers peut demander et se faire accorder l'envoi en possession des biens de son débiteur dans les cas que nous avons énumérés. Mais tous les autres créanciers en profiteront, en supposant, bien entendu, que leur créance soit reconnue : « *Alia causa est, cùm creditores rei servandæ causâ mittuntur in possessionem ; nam is qui possidet non sibi sed omnibus possidet,* » (L. 5, § 2, Ulpien D. ut in poss. leg., 36, 4). — Écoutons aussi ce que dit Paul dans la loi 12 pr. *de reb auct. jud.* au Digeste, livre 42, titre 5 : « *Cum unus ex creditoribus postulat in bona debitoris se mitti : quæritur utrum solus is qui petit possidere potest, an cùm unus petit et prætor permisit, omnibus creditoribus aditus sit. Et commodiùs dicitur, cùm prætor permiserit, non tàm personæ solius potentis quàm creditoribus, et in rem permissum videri : quod et Labeo putat. Nec videtur libera persona adquirere alii quià nec sibi quicquam adquirit cui prætor permittit; sed aliquid ex ordine facit; et ideo cœteris quoque prodest. Planè si postulaverit qui creditor non est : minimè dicendum est vel cum qui creditor est possidere posse, quià nihil egit talis postulatio. Aliter atque si creditor, cui permissum est possidere, posteà recepit debitum suum : cœteri enim poterunt peragere bonorum venditionem.* »

Justinien, par la Constitution 10, de bon. auct. jud.

(C., 7, 72), a décidé que si quelques-uns des créanciers se sont fait envoyer en possession, les autres ne peuvent réclamer le bénéfice de l'envoi qu'en notifiant aux premiers leurs créances dans les deux ans s'ils demeurent dans la même province; dans les quatre ans s'ils demeurent hors de la province, et en remboursant leur part dans les frais faits par les premiers et dont le montant doit être attesté par serment.

Les créanciers à terme ou sous condition pouvaient-ils demander l'envoi en possession ?

Paul dans la loi 6 pr. (D., 42, 4), se prononce pour l'affirmative : « *In possessionem mitti solet creditor etsi sub conditione pecunia ei promissa sit.* » Et dans la loi 14 § 2 du même titre, le même jurisconsulte revient sur son opinion : « *Creditor autem conditionalis in possessionem non mittitur quia is mittitur qui potest bona ex edicto vendere.* » Ulpien se prononce pour la négative dans la loi 7, § 14 : « *Si in diem vel sub conditione debitor latitet antequàm dies vel conditio veniat non possunt bona ejus venire.* » Ainsi non-seulement Paul et Ulpien sont en désaccord, mais Paul semble se contredire lui-même. Comment concilier ces textes? je crois que le mieux est de reconnaître la contradiction. On s'explique bien en effet qu'il y ait eu diversité d'opinions sur ce point; d'une part l'intérêt du créancier demande que ses droits soient garantis ; d'autre part on peut dire avec Ulpien dans la loi 7, § 14 (quib. caus. in poss.) : « *Quid interest debitor quis non sit, an nondùm conveniri possit?* » Cette diversité de points de vue a sans doute divisé les jurisconsultes, et Paul dans ses ouvrages a pu se préoccuper tantôt de l'un, tantôt de l'autre.

Du reste le débiteur à terme ou sous condition ne pouvait certainement pas provoquer la vente.

SECTION IV.

Sur quels biens a lieu l'envoi en possession.

Bonorum possessio spectatur, dit Cicéron (pro Quintio, ch. 29), *non in aliquâ parte, sed in universis quœ teneri ac possideri possint.* » L'envoi en possession porte sur tout l'ensemble du patrimoine du débiteur, sur tous les biens qui lui appartiennent.

Dans certains cas, l'envoi pouvait s'appliquer à des biens qui avaient cessé de lui appartenir mais que les créanciers faisaient rentrer dans son patrimoine au moyen de *l'action Paulienne.* C'étaient les biens qu'il avait aliénés en fraude de leurs droits, (Inst. de Just., § 6, de act., l. 4, t. 6).

En sens inverse, certains biens appartenant au débiteur sont soustraits de l'envoi en possession, à la suite d'une *séparation de patrimoines* demandée soit par les créanciers du défunt qui ont à craindre l'insolvabilité de l'héritier, soit par les créanciers de l'héritier qui redoutent l'insolvabilité du défunt. Ceux-ci se feront envoyer en possession des biens de l'héritier seul, et ceux-là uniquement des biens du défunt.

De même quand la séparation était obtenue par *l'héritier nécessaire* l'effet en était de mettre à l'abri des poursuites des créanciers du défunt les biens que l'affranchi pouvait acquérir depuis la mort de son maître autrement que *ex causâ hereditariâ,* et qu'il avait eu soin de ne pas laisser se confondre avec les biens héréditaires.

De même encore l'héritier sien et nécessaire qui profitait du *bénéfice d'abstention* ne pouvait être poursuivi par les créanciers héréditaires : il y avait donc seulement envoi en possession des biens du défunt.

Nous trouvons au Digeste l'énumération des biens qui,

en dehors des cas exceptionnels que nous venons d'examiner, sont exceptés de la vente en masse, et doivent
l'être par suite de l'envoi en possession qui est le préliminaire de la vente. Ce sont les esclaves que des liens étroits
d'affections unissent au débiteur, sa concubine, ses enfants
naturels (L. 38, de reb. auct. jud., D. 42, 5) ; ce sont les
statues élevées en l'honneur du débiteur dans les lieux
publics, lors même qu'elles n'appartiendraient pas à la ville
mais à celui à qui elle auraient été élevées, car, *ornandi
municipii causâ positœ sint*. (Loi 29, D. eod. tit.)

La loi *Julia de adulteriis* défendait au mari d'aliéner le
fonds dotal sans le consentement de sa femme (Gaius,
comm. 2, § 63) ; et cela, dit le jurisconsulte Paul, *quia
reipublicœ interest mulieres dotes salvas habere propter quas
nubere possint*. La loi *Julia* ne défendait pas toute aliénation du fonds dotal; elle s'opposait à ce que le mari aliénât
volontairement, à titre particulier et sans le consentement
de sa femme, l'immeuble dotal. Elle ne s'oppose en aucune
manière à la transmission *per universitatem* ni à l'aliénation forcée : « *Sed et per universitatem transit prœdium
secundum quod possibile est, ad alterum, veluti ad heredem
mariti : « cum suo tamen jure ut alienari non possit.* »
(L. 1, § 1, Paul, D. de fundo dot., 23, 5). Dans le *principium* de cette même loi, Paul nous dit aussi que la
dotalité de l'immeuble n'empêche pas l'application des
principes qui régissent le *dämnum infectum*, le voisin
qui n'aura pas reçu du mari, propriétaire de la maison
qui menace ruine et qui est un immeuble dotal, la
cautio damni infecti, sera envoyé d'abord en possession de cette maison, puis le préteur lui en transférera
la propriété, *quia hœc alienatio non est voluntaria*. Ceci
posé, *la missio in possessionem* comprendra l'immeuble
dotal, car *la venditio bonorum* qui doit la suivre est rangée
parmi les genres d'acquisition qui ont lieu *per universi-*

tatem, et cette aliénation n'est pas volontaire de la part du mari. Mais la condition de l'immeuble sera la même entre les mains de l'*emptor bonorum* qu'entre les mains du mari : il ne pourra être aliéné et ses revenus conserveront leur destination primitive : *cum suo tamen jure ut alienari non possit.* (L. 1, § 1, D. de fundo dot.).

Sous Justinien la portée générale de l'envoi en possession parait s'être restreinte. La novelle 53, ch. 4, § 1, nous indique que cet envoi n'avait plus lieu que *secundum mensuram declarati debiti.* A cette époque, la vente des biens du débiteur ne se faisant plus en masse il n'y avait aucun motif pour se faire envoyer en possession de tout le patrimoine.

Sous le système formulaire il ne pouvait y avoir de distinction entre *l'action in rem et l'action in personam* pour l'envoi en possession en vertu de la sentence, puisque la condamnation était toujours pécuniaire. Au contraire, quand la condamnation sous le système extraordinaire porta sur la chose même, l'exécution dut porter aussi sur cette chose. Ulpien, dans l'action *in rem*, accorde avec Nératius l'envoi en possession de tous les biens, lorsque le débiteur se cache, *latitat*, mais il borne l'envoi à la chose réclamée lorsque le débiteur est simplement *indefensus :* « *Item videamus si quis adversùs in rem actionem latitet, an bona ejus possideri venumque dari possint ? Exstat Neratii sententia existimantis bona esse vendenda; et hoc rescripto Hadriani continetur; quo jure utimur.* » (L. 7, § 16, D. quib. ex caus. in pos.) — « *Celsus autem sexto respondit si fundum quem petere volo, Titius possideat, neque absens defendatur, commodiùs se existimare, in fundum possessione mittendum, quam bona ejus possideri; hoc adnotandum est Celsum consultum non de latitante, sed de absente* » (même loi § 17).

On admettait plus facilement l'envoi en possession res-

treint au cas de pétition d'hérédité, parce que l'hérédité
constitue une masse, un patrimoine dont la nature convient au caractère de la *venditio*. (L. 7, §§ 18 et 19,
Ulpien, D. 42, 4).

En matière de servitudes, tandis que Julien qui vivait
sous Adrien décide à la loi 18, *si servit. vind.*, que faute
de défendre à une action *confessoire* il y aura *missio in
bona*, Scævola qui vivait un peu plus tard, sous Marc-Aurèle,
décide à la loi 45 de *damno infecto* que dans le cas *d'action
négatoire* il y aura mise en possession du fonds seulement.

L'ancien droit, avons-nous dit, ne connaissait pas d'envoi en possession spécial.

Au temps classique, nous trouvons deux cas remar-
quables où l'action *in rem* n'aboutissait pour le demandeur qu'à l'envoi en possession de la chose réclamée.

C'était d'abord le cas où le défendeur refusait de fournir la *caution judicatum solvi;* le demandeur se faisait
envoyer en possession de la chose réclamée par *l'interdit
quem fundum* ou *quam hereditatem* (sentences de Paul,
liv. 1, t. II, § 1) et jouait ainsi le rôle de défendeur.

Un second cas était celui où, sur *l'interrogatio in jure*,
le défendeur à l'action réelle déclarait faussement ne pas
posséder; le demandeur était alors envoyé en possession.
(L. 20, § 1, D., de interrog. in jure).

SECTION V.

Des effets de l'envoi en possession.

Nous avons à étudier les effets de l'envoi en possession
à deux points de vue: par rapport aux créanciers et par
rapport au débiteur.

I. L'effet de l'envoi en possession n'est pas de rendre
les créanciers propriétaires (L. 6, C., de bon. auct. jud.,
7, 72); ce n'est pas même de leur conférer la possession

pouvant conduire à l'usucapion , (L. 8, eod. tit.) ou leur conférer les interdits possessoires (L. 3, § 8, Ulpien, D., uti possid., 43, 7). Ils ne sont que des détenteurs possédant au nom d'autrui, et leur droit est protégé par un interdit spécial *ne vis fiat ei qui in possessionem missus erit*, auquel est consacré le titre 4 du livre 43 du Digeste.

Malgré le nom de cet interdit, il n'est pas nécessaire pour que l'application en soit possible, qu'il y ait eu violence commise; le simple dol est suffisant. (L. 1, pr. et § 3, Ulpien, D., 43, 4).

Mais s'il n'y a eu dol, l'interdit *ne vis fiat* ne pourra s'appliquer; c'est ainsi qu'il ne doit point avoir lieu si celui qui s'est opposé à la mise en possession croyait que la chose lui appartenait ou lui était engagée ou au moins n'appartenait pas au débiteur; ainsi encore il ne pourra être donné contre un fou ou un pupille qui n'est pas *doli capax*. (L. 1, §§ 4 et 6, eod. tit.)

Cet interdit s'applique d'ailleurs soit qu'il y ait eu obstacle à la mise en possession, soit qu'on ait voulu repousser celui qui avait déjà pris possession (L. 1, § 3, eod. tit.); et peu importe que l'obstacle ait été opposé à l'envoyé en possession lui-même ou à celui qui se présentait en son nom; peu importe que le défendeur à l'interdit ait agi par lui-même ou par un autre (L, 2. eod tit.)

Le montant de la condamnation s'estime d'après l'intérêt du demandeur; si donc l'envoyé en possession n'était pas réellement créancier ou pouvait être repoussé par une exception, l'intérêt manquera chez lui et il ne pourra obtenir de condamnation (L. 1, § 5, eod. tit.).

Cette action après l'année ou contre les héritiers, n'est donnée que *in id quod pervenit;* car, pénale au point de vue du défendeur elle est *rei persecutoria* vis-à-vis du demandeur qui n'obtient de condamnation que dans la limite de son intérêt.

Cette action se donne contre toute personne qui s'est opposée à la mise en possession. Toutefois on n'en comprendrait guère l'utilité contre le débiteur lui-même, attendu que, si l'on veut agir contre lui il sera bien plus simple de se faire mettre directement en possession *per manum militarem*, parti que l'envoyé peut toujours prendre (L. 3. pr. eod. tit.)

Il y avait donc deux moyens de protéger l'envoi en possession : une action *in factum* résultant de l'interdit *ne vis fiat*, et l'exécution forcée *manu militari*. Mais le créancier ne peut employer simultanément les deux moyens ; il est tenu d'opter. Paul nous dit que, dans le cas où le créancier, repoussé de l'envoi, a obtenu le montant de l'intérêt, le débiteur est libéré; car dit-il *puto improbum esse eum qui velit iterùm consequi quod accepit* (L. 51, D. 42, 1). Je crois qu'il ne faut admettre cette solution qu'avec réserve. Il faut supposer que le montant de l'intérêt (qui ne peut jamais dépasser la valeur des biens qui devaient être possédés) a produit une somme égale à la valeur de la dette.

Le premier effet de l'envoi en possession est donc de conférer aux créanciers la détention des biens du débiteur. Cet effet peut se produire alors même qu'il n'y a dans le patrimoine de ce débiteur aucun objet susceptible de détention matérielle : « *quamvis possessa non sint bona quia fortè nihil fuerit quod possideatur aut sine controversiâ non possideatur : creditor qui in possessionem missus est perinde habetur ac si etiam possessa bona fuissent.* » (L. 13, Gaius, D. quib. ex caus. in possess., 42, 5). Les créanciers ont intérêt à ce qu'il en soit ainsi à raison des droits que peut avoir le débiteur ou en vue de la cessation des obstacles de fait. La *venditio* sera possible dans ce cas, et elle aura lieu lors même que le débiteur n'aurait pas de biens corporels mais seulement des droits (L. 8, Javolenus, D.,3, 4).

Outre la simple détention, l'envoi en possession donnait aux créanciers qui l'obtenaient un droit de gage spécialement appelé *pignus prætorium* (L. 25, Ulpien, D., de pign. act., 13, 7), et comme ce *pignus* résulte de la *missio in possessionem*, il doit comprendre comme elle toutes espèces de biens, même les biens incorporels. Ce *pignus prætorium* n'existe qu'autant qu'il y a eu possession effective (L, 26, § 1, eod. tit.)

Il ne faut pas confondre ce *pignus prætorium* avec le *pignus causâ judicati captum*, véritable source de notre hypothèque judiciaire, qui est un remède prétorien destiné à assurer l'exécution d'une sentence contre un débiteur récalcitrant plutôt qu'insolvable. Il se borne à la saisie d'objets particuliers; ainsi que son nom l'indique, il suppose nécessairement l'existence d'une sentence ou d'une *confessio in jure*. Les agents du magistrat pour assurer l'exécution du jugement, saisissent un ou plusieurs biens du débiteur pour former le *pignus causâ judicati* et en font ensuite la vente, et le créancier est payé sur le prix de cette vente par préférence à tous autres moins privilégiés que lui.

Au contraire, l'envoi en possession une fois obtenu et le *pignus prætorium* acquis par la détention effective, tous les créanciers doivent en profiter. Le *pignus* est une garantie donnée à la masse *in rem* et non point à celui qui s'est fait envoyer le premier en possession. Toutefois, on peut croire que c'est seulement entre plusieurs personnes ayant obtenu l'envoi à un même titre que le droit de préférence est refusé et qu'au contraire ce droit existe à l'égard des créanciers postérieurs. A l'appui de cette conjecture, on peut citer le § 3 de la loi 10 (D., 42, 8): Ulpien se demande ce qui arrivera si une personne a acheté les biens d'un débiteur et les lui a payés malgré la *proscriptio bonorum*, c'est-à-dire malgré l'avis de ses créanciers, et

Ulpien répond qu'on donnera contre ce tiers acquéreur *l'actio in factum*, car, averti de la situation du vendeur, il ne peut prétendre qu'il a été exempt de fraude en persévérant dans son projet. En généralisant l'idée que développe le § 3 de la loi 10, on peut dire que la publicité donnée à l'envoi en possession, la *proscriptio bonorum* produit à l'égard des tiers le même effet que la défense formelle en l'absence d'envoi.

Ce *pignus prœtorium* donne-t-il un droit de suite ? La question était controversée dans l'ancien droit, elle ne peut plus faire de doute sous Justinien qui la tranche de la manière la plus favorable (L. 2, C. de prœt. pign., 8, 22).

Les envoyés en possession ne bénéficient pas des fruits (L. 7, pr. Ulpien, D., 42, 4). Cependant dans le § 19 de la même loi, Ulpien nous dit : « *Divus quoque Pius in persona ejus qui hereditatem possidens copiam sui non faciebat, rescripsit in possessionem rerum hereditariarum adversarium inducendum, in quo rescripto et fructum percipere jussit eum qui per nimiam contumaciam possessoris hereditatis, ut lucro ejus cedat, in possessionem inductus est rerum hereditariarum.* » Ce texte contient, je crois, une décision toute de faveur obtenue de l'Empereur dans un cas particulier.

L'envoi en possession établit entre les divers créanciers une certaine égalité qui ne doit plus être troublée. Donc le créancier qui se serait fait payer au détriment des autres depuis la *missio in bona*, serait contraint, au moyen de l'action Paulienne de rendre ce qu'il aurait reçu (LL. 6, § 7, et 10, § 16, Ulpien, quœ in fraud. cred., 42, 8). Toutefois, les créanciers hypothécaires conservent vis-à-vis de la masse le droit qu'ils avaient vis-à-vis du débiteur (L. 8, c., qui bon. ced. pos., 7, 71).

La *missio in possessionem* nécessite l'organisation d'une administration des biens par les créanciers et en leur nom : l'étude de cette administration sera l'objet de notre prochaine section.

Enfin, l'envoi en possession conduit à la vente des biens du débiteur, suivant les distinctions que nous établirons dans la seconde partie de cette thèse.

II. Quant au débiteur, l'effet principal de *la missio in bona* était de le dessaisir, de lui enlever l'administration et la jouissance de ses biens. Par une faveur spéciale, des aliments sont assurés aux pupilles et aux incapables non défendus et des biens desquels les créanciers ont été envoyés en possession (L. 17, pr., Ulpien, D., de receptis, 4, 8. — Sentences de Paul, liv. 5, tit. 5 B. § 1).

L'envoi en possession affecte la considération du débiteur. Désormais il devra fournir la *cautio judicatum solvi* toutes les fois qu'il sera défendeur (Gaius comm. 4, § 104). Désormais aussi il sera exclu des fonctions municipales, d'après ce que nous apprend la Table d'Héraclée, exclusion qui ne frappe pas les incapables non suffisamment défendus par leurs représentants et ceux qui étaient absents pour le service de la République sans aucun dol de leur part. Au point de vue de l'*existimatio*, un certain déshonneur était attaché à la *missio in bona* (Cicéron, pro Quintio, ch. 8, 9, 13, 14 et 15).

A raison des effets qu'il produisait, il était bon qu'une certaine publicité fût donnée à l'envoi en possession. De là l'affiche, *proscriptio bonorum* qui n'était pas seulement une mise en vente, puisqu'elle avait lieu, ainsi que nous aurons occasion de le voir, même à propos d'un envoi purement conservatoire.

SECTION VI.

Administration pendant l'envoi en possession.

C'est essentiellement un droit de garde, de surveillance qui est donné aux créanciers pendant l'envoi en possession.

Ils doivent, quand cela est possible, éviter des déplacements d'objets ; ils ne peuvent expulser le maître : *Quod ibidem custodire poterunt, id ibidem custodiant, quod non poterunt, id auferre et abducere licebit. Dominum invitum detrudere non placet.* (Cicéron, pro Quintio, ch. 27).

En vertu du droit de surveillance que leur donne la *missio in possessionem*, les créanciers peuvent faire un inventaire des titres et même de tous les biens de leur débiteur. Ils peuvent même vérifier ses comptes, une seule fois d'après Labéon, deux fois d'après Ulpien, pourvu qu'ils certifient sous la foi du serment ne pas agir par esprit de chicane (L. 15, pr. et § 1, D., de reb. auct. jud., 42, 5).

Qui sera chargé des actes d'administration pendant la durée de l'envoi en possession ? Ce ne sera plus le débiteur puisqu'il est dessaisi ; d'un autre côté, s'il y a plusieurs créanciers, il serait difficile que cette administration fût confiée à tous les créanciers ensemble. De là l'usage de nommer *un curateur* pour administrer en leur nom : *Cùm plures creditores in possessionem rerum debitoris mittantur, ne corrumpantur rationes uni hoc negotium a creditoribus esse dandum quem major pars creditorum elegerit.* (L. 15, Ulpien, D., de reb. auct, jud.). Du reste on peut également choisir pour curateur un autre qu'un des créanciers. (L. 2, § 4, D. de curat. bon. dando, 42, 7).

La principale mission de ce curateur sera d'exercer les actions qui appartiennent au débiteur. Le principium de la loi 14 (D., 42, 5) semble faire une nécessité de la nomination du curateur toutes les fois qu'il y a des actions à exercer au nom du débiteur : *Creditore in possessionem rerum debitoris misso, curator constitui debet, si quœdam actiones periturœ sunt.* Doneau (comm. jur. civ. XXIII, 17, 1) explique ce texte en disant que les créanciers n'avaient pas qualité pour exercer eux-mêmes les actions de leur débiteur ; qu'il fallait pour cela qu'une personne en fût chargée par l'autorité publique. Le curateur choisi par les créanciers était en effet confirmé dans ses fonctions par le magistrat (L. 2, pr. et § 1, D., de curat. bon. dando). La nomination du curateur pourra parfois n'être pas soumise à l'approbation du magistrat; dans ce cas, le curateur n'aura pas l'exercice des actions et il ne sera que le mandataire de ceux qui l'ont nommé (L. 5, D., eod. tit.)

Nul ne peut être nommé curateur malgré lui à moins de circonstances urgentes et sur la volonté formelle de l'Empereur. (L. 2, § 3, D., eod. tit.).

Il ne faut pas comprendre le *curateur* avec le *magister* chargé de la vente des biens dont s'occupent Gaius et Théophile. De tout temps il y a eu à côté du *magister* un *curator* chargé d'administrer : « *Curator bonis constituendus erit aut bona vendenda.* (L. 1, § 1, Paul, D., eod. tit.). » Il faut nécessairement un *magister* toutes les fois qu'il doit y avoir une *venditio bonorum;* on se contentera d'un curateur si l'envoi en possession doit se prolonger, s'il y a des actes d'administration à faire, des actions à exercer. Ce qui fait confondre le *curator* avec le *magister,* c'est que Gaius (comm. 3, § 79) et Théophile (de successionibus sublatis) ne parlent que du *magister;* mais il ne faut pas oublier que ces deux jurisconsultes s'occupent de la *venditio bonorum* comme produisant une succession prétorienne et qu'ils ne se sont pas occupés de l'administration pendant la *missio in possessionem.*

La nomination du *magister* a lieu précisément après le délai qui s'écoule entre l'envoi en possession et la mise en vente (Gaius, comm. 3, § 79; Théophile, sur le titre de succ. subl.). Au contraire, c'est dès l'envoi en possession et selon que les circonstances l'exigent que peut être nommé le curateur (L, 14, pr., de reb. auct. jud. liv. 8.).

Enfin le *magister* est nommé par les créanciers sur l'autorisation du Préteur; quant à la désignation du *curateur* au contraire, le magistrat confirmait le choix des créanciers.

Le curateur doit payer les dettes quand le défaut de paiement ferait encourir une clause pénale. (L. 1, § 2, Paul, D., de curat. bon. dando, 42, 7). Des actions utiles sont données contre lui ; et, s'il choisit des mandataires, c'est en son nom que seront données les cautions *judicatum solvi* et *de rato*, car il représente le débiteur auquel il est en quelque sorte substitué.

Plusieurs curateurs peuvent être nommés ; et alors s'ils ne se divisent pas l'administration, chacun d'eux pourra agir comme s'il était seul et est tenu *in solidum* ; toutefois, si un des curateurs a été nommé malgré lui, il n'est tenu qu'à raison de ce qu'il a fait ou reçu. (L. 2, § 2, eod. tit.). Si les *curatores* se sont partagé l'administration, chacun ne sera responsable que de l'administration qui le concerne.

Si la nomination du curateur a été confirmée par le magistrat, ses actes obligent tous les créanciers. (L. 2, § 1, eod. tit.). Ceux qui ont pris part à la nomination ont contre lui l'*actio mandati*, les autres l'*actio negotiorum gestorum*. (L. 22, § 10, Paul, D., mandati, 1, 17).

Si le curateur a été constitué sans l'intervention du magistrat, ceux qui l'ont nommé auront l'*actio mandati* ; quant aux autres, ils auront contre les créanciers qui ont pris part au vote une action *negotiorum gestorum* ou *in factum*, selon que ceux-ci connaissaient ou ignoraient l'existence de leurs créances. (L. 22, § 10, D., mandati).

La nomination des curateurs n'était pas fatale et absolument obligatoire. Les créanciers auraient pu administrer eux-mêmes (L. 9, Ulpien, D., de reb. auct., jud., 42, 1).

Si, avant l'envoi en possession, les biens ont été loués par le débiteur, ou s'il a vendu les récoltes, ces actes seront respectés, à moins qu'ils n'aient été faits *in fraudem creditorum*. Dans ce cas, et aussi dans le cas où le débiteur n'avait pas pourvu lui-même à la location, les créanciers loueront les biens ou vendront les récoltes. Les baux qu'ils passeront seront respectés quelle que soit leur durée, s'il n'y a pas eu dol (L. 8, §§ 1 et 2, Ulpien, D. de reb. auct. jud.). Le même pouvoir appartient au curateur, s'il en a été nommé un.

Les créanciers sont responsables des revenus que leur négligence aurait empêché de retirer (L. 9, § 6, eod tit.). Ils répondent de toutes détériorations qu'ils ont laissé commettre sur les biens (L. 9, § 8, eod. tit.). Ils ne répondent du reste que de ce qui s'est passé durant leur possession, qu'ils peuvent toujours abandonner ; de plus, ils ne sont tenus que de leur dol ou de leur faute lourde (L. 9, §§ 5 et 6, eod. tit.).

De même que les créanciers doivent compte de tout ce qu'ils ont perçu à l'occasion de leur gestion, de même ils ont droit au remboursement des dépenses qu'ils ont faites de bonne foi, lors même qu'il n'en serait résulté aucun profit (L. 9, §§ 1 et 2, eod. tit.).

Ces divers comptes s'établiront entre les créanciers et le débiteur, si celui-ci fait cesser l'envoi en possession ; si on en vient à la vente, entre les créanciers et *le magister* chargé de la vente. Il n'y a pas lieu à l'action *negotiorum gestorum*, puisque le créancier agissait dans un intérêt commun ; c'est une *action in factum* qui est donnée par l'Edit, ou, en cas de dol, une *action de dolo*. *L'action in factum* est perpétuelle et passe contre les héritiers. L'action *de dolo* est annale ; après l'année ou contre les héritiers, elle ne se donne que jusqu'à concurrence du profit retiré, *in id quod pervenit* (L. 9, pr. et §§ 3, 4, 7 et 8, eod. tit.).

SECTION VII.

Comment finit l'envoi en possession.

L'envoi en possession peut finir de trois manières : par la renonciation des créanciers, par la vente des biens du débiteur, par le terme qu'y mettra le débiteur lui-même en remplissant certaines conditions.

Nous n'avons à nous occuper ici que du troisième mode d'extinction.

Je suppose un envoi en possession régulièrement obtenu, comment le débiteur pouvait-il y mettre fin?

Si cet envoi a été obtenu à la suite d'une *sentence* ou d'une *confession in jure*, le débiteur n'a d'autre moyen de le faire cesser que d'exécuter sa condamnation.

Il en est de même en cas de cession de biens.

J'arrive au cas où l'envoi en possession a eu lieu contre le débiteur *indefensus*, à raison de son absence ou de son incapacité. Le moyen de faire cesser ici la *missio in possessionem*, c'est d'en détruire la cause et de venir se défendre. Un tiers peut d'ailleurs également, en défendant le débiteur, faire cesser l'envoi. Mais, après l'envoi en possession, le débiteur sera tenu aussi bien qu'un tiers de fournir la *caution judicatum solvi* (L. 33, Ulpien, D., de reb. auct. jud.).

Si l'absent dont les biens avaient été soumis à la *missio in possessionem* prétendait que celui qui l'avait obtenue n'était pas son créancier et offrait de le prouver en défendant à l'action, la caution devrait-elle être fournie? Oui; la présomption était pour l'envoi en possession et la *missio* considérée provisoirement comme valable.

Quand il s'agissait d'un pupille *indefensus*, voici ce que disait l'Edit : « *Si is pupillus in suam tutelam venerit ea ve pupilla viripotens fuerit et recte defendetur eos qui bona possident de possessione decedere jubebo »* (L. 5, § 2, D., quib. ex. caus. in pos.), et le Préteur donnait à ce sujet un interdit. De plus, on n'exigeait la caution *judicatum solvi* que du tiers qui venait défendre le pupille, non du pupille lui-même. Et cette solution devait s'appliquer à l'absent *republicæ causâ sine dolo malo*. Quant à celui qui s'était absenté *dolo malo*, il ne pouvait faire cesser l'envoi en possession que par le paiement de ce qu'il devait (L. 35, D., de reb. auct. jud.).

Ceci ne saurait s'appliquer lorsque le défendeur fait défaut après la *litis contestatio;* dans ce cas l'on emploie la procédure par contumace, et la sentence prononcée est irrévocable. Plus tard, quand les Empereurs appliquèrent la procédure de contumace en cas d'absence avant la *litis contestatio*, la sentence ne fut plus irrévocable. Le défendeur eut la possibilité de la mettre à néant, pourvu qu'il offrît de se défendre et de rembourser tous les frais avancés par le demandeur. (novelle 53).

Enfin lorsque, par suite du défaut du défendeur, le demandeur a été envoyé en possession d'un objet particulier, Justinien décide que l'ancien possesseur reprendra la chose, si, se présentant dans l'année, il fournit caution de soutenir le procès (Const. 8, § 3 au Code, 7, 39). Après l'année il devait sans doute revendiquer la chose comme demandeur.

CHAPITRE DEUXIÈME.

VENTE DES BIENS.

L'envoi en possession n'a qu'un caractère provisoire et préparatoire. Le but final auquel doit tendre tout créancier qui ne peut arriver à se faire payer, c'est la vente des biens de son débiteur. C'est cette vente que j'ai maintenant à étudier.

Je diviserai mon sujet en quatre sections. Je consacrerai une première section à rechercher dans quels cas la vente a lieu ; dans une seconde, j'examinerai les formes de la vente ; j'étudierai ses effets dans une troisième ; et enfin une quatrième et dernière section sera consacrée à suivre le sort de la *Bonorum venditio* dans le Bas-Empire.

SECTION I.

Dans quels cas la vente a lieu.

Sous le système prétorien de l'exécution sur l'ensemble du patrimoine, la vente ne peut avoir lieu qu'après l'envoi en possession. Donc toutes les restrictions indiquées relativement à l'envoi en possession s'appliquent à la vente. Mais tout envoi en possession n'entraîne pas nécessairement la vente. Ce que j'ai à rechercher, ce sont les cas où l'envoi en possession étant possible, la vente ne le sera pas.

Et d'abord, il n'y a point de difficulté dans le cas où la *missio in bona* résulte d'une sentence, d'une *confessio in jure*, d'une cession de biens ; la vente sera toujours possible (Gaius comm. 3, § 78).

Il en est de même du cas d'envoi en possession des biens de l'adrogé, ou, dans l'ancien droit, de celui qui tombait *in mancipio* ou *in manu* (Gaius comm. 3, § 84 ; — Inst. de Just., l. 3, t. 10, § 3).

Restent les cas d'absence, de refus de se défendre, d'incapacité, de mort du débiteur.

Au cas d'absence, il importe de distinguer le débiteur simplement absent de celui qui cherche à se soustraire à ses créanciers, *qui latitat.*

Les biens de celui *qui latitat* peuvent être vendus si les

circonstances l'exigent, *si res exegerit* (L. 7, § 1, Ulpien,
D., quib. ex caus. in poss.—L. 21, § 2 eod. tit.). *Latitare*,
c'est se cacher pendant un certain temps (L. 7, § 8 eod tit.);
et, pour cela, il suffit d'éviter la rencontre du demandeur
(L. 7, § 13 eod. tit.); il faut d'ailleurs qu'à la *latitatio* se
joigne l'intention frauduleuse de frustrer les créanciers
(L. 7, § 5 eod. tit.) ou seulement quelques-uns d'entre-
eux.

Quant aux débiteurs simplement absents sans qu'il y
ait *latitatio*, il faut distinguer s'il y a eu de leur part promesse de comparaître en justice, soit que cette promesse
ait été faite lors de la *vacatio in jus*, soit que la remise
de l'affaire ait donné lieu à un *vadimonium;* dans ce cas,
les biens peuvent être vendus (L. 2 pr., eod. tit.). Mais
en dehors de cette promesse, quand la *vacatio in jus* a été
rendue impossible par l'absence du débiteur, il y a seulement lieu à l'envoi en possession sans passer à la vente.

Celui qui refuse de se défendre est assimilé à celui *qui
latitat* (L. 52, de reg. juris).

Relativement au pupille, il faut distinguer si la dette
dont il est grevé est née en sa personne ou lui est arrivée
par succession.

Dans le premier cas, il y a lieu à la *missio in bona*, mais
non à la vente. Dans le second cas, la vente est admise.
mais seulement pour les biens de la succession, et non pas
pour tous ceux du pupille. Il s'opère une séparation de
patrimoines (L. 3 pr., Ulpien, D., quib. ex caus. in poss.).

L'abstention d'un héritier sien équivaut, à l'égard des
créanciers, à une renonciation, et produit les mêmes effets
que la séparation des patrimoines. Les biens de la succession seront vendus comme biens du défunt; mais comme,
malgré l'abstention, la qualité d'héritier subsiste, l'héritier profitera de ce qui restera après les dettes payées (L.
6 pr., D., de reb. auct. jud., 42, 5).

Je dois dire un mot d'une autre classe d'incapables, du mineur de vingt-cinq ans pourvu d'un curateur qui se trouve *indefensus*. La loi 5 d'Ulpien (*de reb. auct. jud.*) dit d'une manière générale : « *Bonorum venditionem patitur, etsi non latitet* ». On cherche à justifier la solution que donne ce texte en disant qu'elle est la seule protection que puissent trouver les créanciers, attendu que la *latitatio fraudationis causâ* n'est pas possible pour l'incapable. Pour moi, je ne crois pas qu'il faille laisser à ce texte toute la généralité qu'il paraît présenter. En effet, la loi 7, § 12 *quib. ex caus. in poss.*, assimile au fou le prodigue et toute personne ayant un curateur. Or, pour le fou, la vente n'aura lieu que si les circonstances et l'intérêt des créanciers l'exigent impérieusement. Il doit donc en être de même pour le mineur de vingt-cinq ans pourvu d'un curateur, d'autant plus que la position de ce dernier est plus favorable que celle du *furiosus* dont l'incapacité peut toujours durer, tandis que celle du mineur est nécessairement temporaire.

Les commentateurs appliquent généralement la décision que donne Ulpien pour le cas où le débiteur *qui latitat* est un *furiosus* irresponsable de ses actes, et ils décident que la vente sera toujours possible, même à l'égard d'un débiteur capable *non latitans*, quand le retard devra causer du dommage aux créanciers.

Reste le cas où les créanciers sont en présence de la succession du débiteur.

S'il est certain qu'il n'y a pas d'héritier, la vente sera possible (Gaius, comm. 3, § 78).

Au cas d'incertitude, si l'héritier délibère encore, la vente ne sera pas possible. Toutefois si l'incertitude provient de l'existence d'une condition, la vente sera possible selon les circonstances. La loi 1, § 1 de curat. bon. dando, l'autorise au cas où la condition est casuelle. Dans le cas de condition potestative, si elle ne s'est pas accomplie dans le délai qu'ont fait fixer les créanciers, ils pourront faire vendre les biens. (L. 4 pr. de reb. auct. jud.) Il y aura lieu enfin à la *venditio bonorum*, si l'héritier déclare qu'il ne fera pas adition même après l'accomplissement de la condition. (L. 1 pr. de curat. bon. dando); une pareille déclaration ne constitue pas cependant une véritable répudiation ; car il est de principe qu'une succession ne peut être refusée pas plus qu'acceptée avant l'accomplissement de la condition.

Dans tous les cas l'autorisation de vendre devra être donnée par le magistrat *cognitâ causâ* par conséquent *pro tribunali* (Cicéron, pro Quintio, ch. 16, 23 et 24).

SECTION II.

Des formes de la venditio bonorum.

La procédure pour arriver à la *venditio bonorum* nous est tracée par Gaius (Comm. 3, §§ 79 et 80).

Après avoir obtenu l'envoi en possession des biens, les créanciers devaient laisser écouler un certain délai avant de solliciter du magistrat l'autorisation de procéder à la vente. Ce délai était de trente jours quand il s'agissait des biens d'un débiteur vivant, de quinze jours seulement si l'envoi en possession avait lieu après la mort du débiteur.

Pendant cet intervalle que le magistrat peut-être pouvait prolonger encore selon les circonstances, le débiteur devait se mettre en mesure de satisfaire ses créanciers ou venir se défendre par lui-même ou faire soutenir le procès par un autre.

On comprend d'ailleurs aisément pourquoi un délai plus long était accordé au débiteur vivant. La loi se préoccupe de lui éviter autant que possible l'infâmie et les conséquences désastreuses de la *venditio bonorum*.

Ces délais de trente ou de quinze jours expirés, les créanciers s'adressaient au magistrat pour obtenir de lui l'autorisation de nommer un *magister* chargé de procéder à la vente. Ils se réunissaient en conséquence et confiaient cette fonction à l'un d'eux. Théophile (titre *de success. sublatis*) nous apprend qu'après la nomination du *magister bonorum vendendorum* on affichait les biens que l'on voulait mettre en vente. D'après Gaius (comm., 3, § 79) et d'après Cicéron (pro Quintio, ch. 15) il semblerait que la *proscriptio bonorum* avait lieu en même temps que l'envoi.

Nous avons vu quand nous nous sommes occupé de la *missio in possessionem*, que la *proscriptio bonorum* servait durant cette période à avertir les tiers de la déchéance qui frappait le débiteur. Ici elle a pour but de prévenir les créanciers absents, d'attirer les acheteurs.

Le *libellus* ou *titulus* (tel était le nom de cette affiche) était placé dans les endroits les plus fréquentés, *in celeberrimis locis*, et était ainsi rédigé : « *Ille debitor noster in eâ causâ est ut bona ejus divendi debeant. Nos patrimonium ejus distrahimus. Quicumque emere velit, adesto.* »

Les fonctions du *magister* consistaient à traiter avec les acheteurs qui se présentaient, à diriger la vente (Cicéron, pro Quintio, ch. 15. — Epist. ad famil., XII, 30.) Il pouvait accorder des délais, si ce pouvoir ne lu avait pas été retiré. (Cicéron, Epist. ad famil., XII, 30).

Après un court délai, *paucis diebus elapsis*, sel n l'expression de Théophile, les créanciers s'adressai t une troisième fois au magistrat et obtenaient de lui l' torisation de rédiger une sorte de cahier de charges (*Le bonorum vendendorum*). Ce cahier de charges s'ajouta au *libellus;* il contenait l'indication des biens du débiteur, 'a liste de ses créanciers, et sans doute aussi le montant leurs créances et l'indication des créances privilégiée

Quoique aucun texte ne le dise expressément, il est probable que les créanciers qui ne se faisaient pas inscrire étaient alors forclos : il importait en effet au *bonorum emptor* de connaître le montant des dettes du débiteur avant d'offrir d'en payer une quote-part, qui devait être en raison inverse du passif.

Avant la vente, un dernier répit était accordé au débiteur pour faire cesser l'envoi en possession. C'était un délai de *trente* ou de *vingt* jours suivant que la *missio in bona* s'appliquait à une personne vivante ou à un défunt.

La vente était faite au plus offrant. On peut croire que les enchères étaient publiques comme dans la *sectio bonorum* (Cicéron, Philipp. II, ch. 29; — pro Quintio ch. 15). Toutefois le *magister* pouvait recevoir à l'avance les mises à prix.

A offres égales, un créancier était préféré à celui qui ne l'était pas; entre plusieurs acheteurs dont aucun n'était créancier, la préférence appartenait à un parent sur un étranger (L. 16, Gaius, D., de reb, auct. jud.)

Le prix consistait en un dividende que l'*emptor bonorum* devait payer à chaque créancier, après avoir sans doute acquitté la totalité des créances privilégiées. Telle était la règle générale : la *venditio* ne frappant guère que des insolvables.

Le contraire pouvait arriver, notamment s'il s'agissait des biens d'un incapable *indefensus*. Outre le paiement intégral des dettes, l'acheteur devait probablement payer une certaine somme à l'incapable (L. 7, § 11. Ulpien, D., quib. ex caus. in poss.; — L. 6 pr., Paul, D., de reb. auct. jud.) Tout porte à croire que ces deux textes font l'application d'une règle générale, à savoir que, dans tous les cas où le montant du prix dépassait le chiffre des créances, l'excédant devait être rendu au débiteur.

SECTION III.

Des effets de la Venditio bonorum

J'examinerai les effets de la *venditio bonorum* à un triple point de vue: par rapport à l'acheteur, par rapport au débiteur, par rapport aux créanciers.

I. Le principal effet de la *bonorum venditio* est de conférer au *bonorum emptor* l'universalité du patrimoine du débiteur, de le rendre son successeur universel. Le droit civil seul faisant des héritiers et notre institution étant d'origine prétorienne, l'acheteur n'est pas héritier, mais il se trouve *loco heredis* comme le *bonorum possessor* à qui est déférée la succession par le droit prétorien. L'*emptor bonorum* n'acquiert pas sur les biens du débiteur le *dominium ex jure quiritium*, mais il les a *in bonis*, et par l'usucapion il en deviendra propriétaire selon le droit civil (Gaius, comm. 3, § 80).

Il succède à toutes les créances du débiteur comme à toutes les obligations, du moins pour la fraction qu'il s'est engagé à payer; mais ce sont seulement des actions utiles qui lui seront données ou qu'on intentera contre lui (Gaius, comm. 3, § 81; — Théophile, de successionibus sublatis).

Gaius dans son commentaire IV (§ 35) nous apprend que deux moyens étaient donnés au *bonorum emptor* pour exercer les actions du débiteur.

L'un plus ancien était l'*action Rutilienne* inventée par le Préteur même qui créa la *bonorum venditio*. L'*intentio* de cette formule conserve le nom du débiteur, mais on le remplace dans la *condemnatio* par celui du *bonorum emptor*: « *Nam ex personâ ejus cujus bona emerit sumptâ intentione convertit condemnationem in suam personam, id est, ut quod illius esset vel illi dare oporteret eo nomine adversarius huic condemnetur....* » (Gaius, eod. §).

L'autre, plus récent, était *l'action Servienne* imaginée sans doute par un Préteur du nom de *Servius*, et dans laquelle le nom de l'acheteur figure à l'*intentio* et à la *condemnatio*, mais où l'on ajoute la supposition que cet acheteur est héritier (*ficto se herede agit*).

Les deux actions *Rutilienne et Servienne* s'appliquent aussi bien en matière réelle qu'en matière personnelle (Gaius, comm. 4, § 34). Et ces deux actions seront toujours utiles à *l'emptor bonorum* en matière réelle, parce que *l'action Publicienne*, exigeant que celui qui l'intente ait eu au moins un instant la possession de la chose réclamée, ne pourrait appartenir à *l'emptor bonorum* que pour les biens déjà possédés par lui.

Une particularité à noter au sujet des actions intentées par le *bonorum emptor*, c'est la *deductio* qu'il est tenu de subir quand il agit contre un débiteur qui se trouve en même temps créancier de celui dont les biens ont été vendus. (Gaius, comm. 4, § 65). Tandis que le compte de la compensation se mettait dans l'*intentio*, la *deductio* au contraire se plaçait dans la *condemnatio*. (Ibid., § 68). De là il suit que le montant de la *condemnatio* étant rendu incertain, il ne saurait y avoir dans cette formule, péril de plus-pétition comme dans celle de la compensation. De plus, comme c'est le juge qui est chargé de faire cette déduction, il suit qu'à la différence de ce qui se passe à l'égard de la compensation, ici, de quelque objet et de quelque nature divers que soient les créances, peu importe : comme le juge apprécie le tout en définitive, en sommes pécuniaires, il fera la déduction voulue. Gaius dit qu'il devra même déduire les créances à terme non échu, soit que la vente du patrimoine emportât contre le débiteur obéré déchéance du bénéfice du terme soit plutôt que le juge dût tenir compte dans son estimation de la différence du temps. (Ibid., §§ 67 et 68).

Outre les actions *Rutilienne* et *Servienne*, l'acheteur avait un interdit appelé *possessorium*, semblable à l'interdit *sectorium* donné au *sector bonorum* et à l'interdit *quorum bonorum* donné au *bonorum possessor*. (Gaius, comm. 3, §§ 144 à 146). C'était donc un interdit *adipiscendæ possessionis*, servant à obtenir une possession qu'on n'a jamais eue. Le *bonorum emptor* qui ne pouvait agir par une action correspondante à la *possessoria hereditatis petitio*, se faisait par l'*interdit possessorium*, mettre en possession du patrimoine qu'il avait acheté et jouait dans les procès intentés contre lui le rôle de défendeur. Dans les actions *Rutilienne* et *Servienne*, c'est toujours sur la question de propriété que porte le débat.

II. En nous plaçant au point de vue du débiteur, nous trouvons que le principal effet de la *bonorum venditio* étaient de dépouiller celui dont les biens avaient été vendus de tous ses droits, et de transmettre à l'*emptor bonorum* tous ceux de ces droits qui ne sont pas essentiellement personnels. (L. 4, D., de curat. bon. dando; — L. 40, D., de operis libertorum). Dans cette dernière loi, Papinien nous apprend que les *operæ* dus par un affranchi au patron qui a subi la *bonorum venditio* ne passeront pas à l'acheteur attendu que c'est là un droit tout personnel au patron ; mais celui-ci aura seulement action pour les services qu'il pourra demander à son affranchi depuis la vente; non pour ceux qu'il lui aura demandés auparavant et cela par ce motif qu'il ne peut agir *ex ante gesto*.

En sens inverse, la *bonorum venditio* libérait-elle le débiteur de ses anciennes obligations? Sur cette question, deux textes se trouvent en présence, l'un la loi 25, § 7, *quæ in fraudem creditorum* indiquant qu'aucune action n'était donnée *ex antè gesto* contre le débiteur après la *bonorum venditio*; l'autre (Gaius, comm., 2, § 155), s'exprimant d'une manière tout opposée : « *Quorum bona ve-*

nierunt pro portione si quid posted adquirant, etiam sæpiùs eorum bona venire solent ». Comment concilier ces deux textes ? Et d'abord il m'est impossible d'admettre que la *bonorum venditio* libère le débiteur ; car comment la *venditio* qui émane de l'autorité du Préteur pourrait-elle éteindre complètement et de plein droit des obligations reconnues par le droit civil ? De plus, ceux qui ont fait cession de biens ne sont pas libérés : *Qui bonis cesserint nisi solidum creditor receperit, non sunt liberati* (L. 1 au Code qui bon. ced. poss.), pourquoi donner une solution différente quand cette cession n'a pas eu lieu et alors que le débiteur encourt l'infamie ?

En traduisant les mots : *quorum bona venierunt pro portione*, par l'idée que la vente n'a donné qu'un dividende aux créanciers, j'opterai pour le texte de Gaius, et je dirai que la *bonorum venditio* ne libère pas le débiteur. Quant à la loi 25, § 7, plus haut citée, je lui trouverai l'explication suivante : les actions contre le débiteur ne sont pas de plein droit éteintes ; pour les repousser, il devra recourir à une exception qui ne lui sera accordée qu'autant qu'il n'aura pas acquis de nouveaux biens. Si maintenant ce dernier point n'est pas contesté, le Préteur fera ce qu'il fait dans tous les cas où sont reconnus des faits invoqués à l'appui d'une exception : il refusera l'action, et alors il sera vrai de dire : *Nulla actio in eum ex ante gesto post bonorum venditionem datur.*

Celui qui avait fait cession de biens ne pouvait être poursuivi que s'il avait acquis des biens d'une certaine importance, importance qui était laissée à l'appréciation du magistrat (LL. 6 et 7, D., de cess. bon.). Et encore il jouissait du bénéfice de ne pouvoir être condamné que *in id quod facere potest* (Inst. de Just., § 40, de actionibus, l. IV, t. 6). Aucun texte ne nous autorise à accorder la même faveur à celui dont les biens ont été vendus.

Un autre effet de la *venditio bonorum* est de frapper d'infâmie celui qui l'a encourue, effet qui n'était pas applicable au débiteur qui avait fait cession de biens (Gaius comm., 2, § 154; — Const. 2 d'Alexandre, C., ex quib. caus. inf. irrog.). A raison même de cet effet infâmant, le fait de celui qui, de mauvaise foi, faisait afficher les biens d'une personne dont il se prétendait à tort créancier, donnait lieu à une action d'injures (Gaius, comm. 3, § 220).

Enfin le *bonorum venditio* emportait dissolution de la société dont faisait partie le débiteur.

III. Il nous reste à étudier les effets de la *bonorum venditio* par rapport aux créanciers.

Et d'abord, ainsi que nous l'avons dit, ils conservent leurs droits contre leurs débiteurs si ceux-ci acquièrent de nouveaux biens.

De plus, ils ont des *actions utiles* contre le *bonorum emptor* du moins pour la fraction des dettes que celui-ci s'est obligé de payer ; la réduction consentie dans la vente s'exerce par l'*exceptio pacti* donnée à l'acheteur.

Sans doute les créanciers privilégiés et hypothécaires avaient action pour le tout. De là, en se rappelant que les Romains n'ont jamais connu la publicité des hypothèques, il est facile de comprendre que l'achat en masse des biens était une opération fort chanceuse, et que, par un contre-coup inévitable, les biens vendus de cette manière devaient en général être adjugés à vil prix.

SECTION IV.

Comment la bonorum distractio remplaça la bonorum venditio.

La vente en masse, *venditio bonorum* dont nous venons d'étudier la forme et les effets, fut remplacée sous Dioclétien par la vente en détail, *distractio bonorum*; dès lors, on ne s'attaqua plus à la personnalité du débiteur, au patrimoine dans son ensemble, mais aux biens considérés isolément.

La vente des biens en détail ne fut pas subitement imaginée pour remplacer la vente en masse. Elle avait été autrefois une faveur accordée aux *claræ personæ* par exemple aux sénateurs et à leurs femmes, à qui on avait voulu épargner l'infâmie qu'entraînait avec elle la *venditio bonorum* (L. 5, D., de curat fur.)

Pour arriver à la *distractio bonorum*, le magistrat nommait un curateur chargé de vendre les biens en détail. Cela résultait d'un sénatus-consulte dont nous ne connaissons pas la date précise, mais qui est certainement antérieur au jurisconsulte Nératius, lequel vivait sous Trajan (L. 9, D., du curat. fur.)

D'exception la *distractio bonorum* devint la règle générale.

La vente en masse disparaît en même temps que le système formulaire, sous le règne de Dioclétien, alors que disparurent les *conventus*, c'est-à-dire les assises que les Gouverneurs de provinces allaient tenir dans les différentes parties du territoire soumis à leur administration. (Inst. de Just., l. 3, t. 12, pr.; — Théophile, de succ. subl.). Et en effet, lorsque le système extraordinaire remplaça la procédure formulaire, lorsque le magistrat dut connaître lui-même du fond du droit sans se borner à la délivrance des formules, les conditions dans lesquelles il exerçait sa juridiction furent modifiées. D'une part, il dut supprimer les tournées dans la province, les *conventus*, pour se tenir constamment à la disposition des justiciables; d'autre part, les voies d'exécution durent être simplifiées et déterminées de façon à rendre la présence du magistrat plus rarement indispensable; et c'est ce qui arrive dans la *bonorum distractio* où le Préteur n'intervient que dans la nomination des curateurs chargés de l'administration et de la vente des biens, et dans l'autorisation de vendre.

Quelles étaient les différences qui séparaient la *distractio* de la *venditio*?

Nous avons déjà vu que dans la *distractio*, les acheteurs étaient des acquéreurs à titre particulier. Dans la *venditio*, le *bonorum emptor* devenait le successeur universel du débiteur.

Une seconde différence, c'est que l'effet infâmant de la *venditio* n'existe plus, quoique cependant la réputation du débiteur souffrit quelqu'atteinte.

Enfin dans la *distractio bonorum*, les curateurs qui avaient été chargés d'administrer pendant l'envoi en possession étaient aussi chargés de vendre les biens, de toucher de chaque acquéreur le montant du prix de la chose vendue et d'en rendre compte aux créanciers. Au contraire, lorsqu'il y avait *venditio bonorum*, on désignait outre les curateurs chargés d'administrer pendant l'envoi en possession, des mandataires spéciaux chargés de préparer la vente, *magistri bonorum vendendorum*.

Sous Justinien, l'envoi en possession existe encore; mais, il n'aboutit plus à la vente en masse; de plus, sa durée qui pouvait être de vingt jours seulement au temps de Gaius, sera, sous Justinien, de deux ou de quatre ans. Justinien fixe ces délais dans la constitution qui forme la loi 10 au Code, livre 7, titre 72.

POSITIONS.

I. Les voies d'exécution sur les biens existaient sous le système formulaire.

II. Les *Nexi* ne subissaient pas de *capitis deminutio*.

III. La bonne foi n'est pas exigée du débiteur pour qu'il puisse faire cession de biens.

IV. La cession de biens devait être précédée d'une condamnation ou d'une *confessio in jure*.

V. En matière d'envoi en possession, la compétence territoriale n'existait pas.

VI. Les jurisconsultes romains étaient en désaccord sur le point de savoir si les créanciers à terme ou conditionnels pouvaient demander l'envoi en possession.

VII. L'envoi en possession comprend l'immeuble dotal.

VIII. Le *pignus prætorium* qui nait de l'envoi en possession confère un droit de préférence à la masse des créanciers qui l'a obtenu.

IX. Il ne faut pas confondre le *curateur* chargé d'administrer pendant l'envoi en possession, et le *Magister* chargé de vendre.

X. La bonorum Venditio ne libère pas le débiteur.

DROIT FRANÇAIS

DES EFFETS DU JUGEMENT DÉCLARATIF DE FAILLITE.

INTRODUCTION.

Le sujet que nous nous proposons de traiter est régi par les articles 443 à 450 du code de commerce, modifié par la loi du 28 mai 1838.

Il a pour objet d'étudier dans quelle position le jugement déclaratif de faillite place un commerçant insolvable vis-à-vis de ses créanciers.

Cette matière est inconnue en droit civil et devait l'être; car, en droit civil, le débiteur qui ne paye pas ses dettes n'est soumis qu'aux poursuites individuelles de ses créanciers; il conserve sa capacité, et les actes qu'il a faits ne peuvent être attaqués par ses créanciers que lorsqu'ils ont eu lieu en fraude de leurs droits; tandis que le commerçant qui cesse ses paiements est déclaré en faillite et placé sous le rapport de sa personne, de ses biens et de ses droits, dans un état exceptionnel que la loi a créé dans le but de protéger le crédit public.

La distinction entre les commerçants insolvables et les débiteurs insolvables non commerçants paraît de moderne origine. Elle se produit en Italie, ce berceau du droit commercial, selon l'expression de M. Renouard (traité des faillites, tome Ier, page 20). Dans ces brillantes républiques, le commerce joua un si grand rôle que la plus sérieuse attention de la puissance publique dut naturellement se porter sur les relations entre négociants. Aussi, beaucoup de renseignements sont-ils à recueillir dans les lois commerciales de Gênes, de Florence, de Venise, de Milan, et des autres états. Pour ne parler que de la matière qui nous occupe, Straccha (de decoctoribus) nous apprend que la faillite consiste dans l'état de cessation de paiements; que les actes faits par le failli ou par ses ayants-cause après la faillite devenue notoire étaient présumés simulés et étaient nuls; que les sommes payées par le failli avant leur échéance, ou à certains créanciers sans cause légitime de préférence et au mépris de l'égalité qui doit exister entre tous, étaient rapportables, et les paiements étaient annulés; que la faillite rendait exigibles les créances contre le failli; que le failli était dessaisi de l'administration de ses biens; que des syndics étaient établis pour reconnaître l'état de l'actif et du passif.

En France, le droit commercial est né assez tard; pendant longtemps, il ne trouvera guère ses règles que dans les statuts auxquels étaient soumises les corporations de marchands et artisans, et les confréries et communautés de gens de métier, sans parler de quelques notions éparses dans les édits ou déclarations de nos rois, notamment dans l'ordonnance donnée à Lyon contre les banqueroutiers par François Ier, le 10 octobre 1536, le premier monument législatif que nous possédions sur les faillites est l'ordonnance de 1673; et encore, dans cette ordonnance, préparée par plusieurs années de longs travaux, élaborée avec soin par le talent de Savary, vingt articles seulement (titres IX, X, XI) avaient rapport, soit directement, soit indirectement, aux faillites et banqueroutes.

Mais, après 1673, la législation sur les faillites n'est point restée stationnaire ; loin de là, de nombreuses déclarations vinrent compléter et modifier les dispositions de l'ordonnance.

C'est dans une de ces déclarations postérieures que l'on trouve une application importante du principe qui domine tout notre travail : je veux parler de l'égalité entre tous les créanciers qui n'ont aucune cause légitime de préférence. Une déclaration du 18 novembre 1702 établit la règle en vertu de laquelle les cessions et transports, priviléges et hypothèques sont nuls, s'ils n'ont existé que pendant les dix jours qui ont précédé la connaissance publique de la faillite. Pour montrer la légitimité de cette règle et de toutes autres qui tendront au même but, nous ne pouvons mieux faire que de transcrire le préambule de l'ordonnance :

« *Louis..... L'application que nous avons continuellement*
« *à tout ce qui peut être avantageux au commerce de notre*
« *royaume aurait donné lieu aux négociants de nous repré-*
« *senter que rien ne peut contribuer plus efficacement à*
« *rendre le commerce florissant que la fidélité et la bonne*
« *foi ; et, quoi que nous ayons fait plusieurs règlements sur*
« *ce sujet, et principalement par notre édit de mars 1673...,*
« *il ne laisse pas de se commettre souvent de très-grands*
« *abus dans les faillites des marchands, par des cessions,*
« *transports, obligations et autres actes frauduleux, soit*
« *d'intelligence avec quelques-uns de leurs créanciers, ou*
« *pour supposer de nouvelles dettes, ou par des sentences*
« *qu'ils laissent rendre contre eux à la veille de leur faillite,*
« *à l'effet de donner hypothèque et préférence aux uns au*
« *préjudice des autres, ce qui cause des procès entre les*

« *véritables et anciens créanciers et les nouveaux, ou pré-*
« *tendus créanciers hypothécaires, sur la validité de leurs*
« *titres ; et fait perdre, en tout ou partie, aux créanciers*
« *légitimes ce qui leur est dû, ou les oblige à faire des acco-*
« *modements ruineux ; que les négociants de la ville de*
« *Lyon, pour obvier à ces inconvénients ont proposé plusieurs*
« *articles en forme de règlement, qui ont été autorisés et ho-*
« *mologués par un arrêt du conseil du 7 juillet 1667, par*
« *lesquels il est porté, entr'autres choses : que toutes cessions*
« *et transports sur les effets des faillis seront nuls s'ils ne*
« *sont faits dix jours au moins avant la faillite publique-*
« *ment connue ; que la disposition de cet article, qui est le*
« *treizième dudit règlement, explique l'article 4 de notre*
« *édit du mois de mars 1673, appelé le Code marchand au*
« *titres des faillites, et prévient toutes les difficultés et con-*
« *testations auxquelles l'article du Code donne lieu quelque-*
« *fois sur la validité des cessions, transports, et autres actes*
« *qui se font à la veille des faillites ; que ces difficultés ces-*
« *seraient, et qu'il y aurait moins de lieu à la fraude, s'il*
« *y avait une règle uniforme pour tout le royaume, et un*
« *temps prescrit dans lequel les cessions, transports , et*
« *tous autres actes qui se feraient par les marchands débiteurs*
« *seraient déclarés nuls, même les sentences qui seraient*
« *rendues contre eux. A ces causes..... »*

Et la déclaration ordonne que toutes cessions et transports sur les biens des marchands qui font faillite seront
nuls et de nulle valeur, s'ils ne sont faits dix jours au
moins avant la faillite publiquement connue ; comme aussi
que les actes et obligations qu'ils passeront pardevant no-
taires au profit de quelques-uns de leurs créanciers, ou
pour contracter de nouvelles dettes, ensemble les sentences
qui seraient rendues contre eux, n'acquerront aucune
hypothèque ni préférence sur les créanciers chirographaires, si lesdits actes et obligations ne sont passés, et si

lesdites sentences ne sont rendues pareillement dix jours au moins avant la faillite publiquement connue.

Toutefois, il faut le dire, ces déclarations avaient passé sous silence bien des points importants; elles étaient, du reste, le résultat des besoins du moment; et on n'avait pas songé à en faire un corps de doctrine; aussi, le grand travail de codification qui s'était opéré à la fin du dix-huitième siècle appelait inévitablement un Code de commerce; or, c'est précisément la nécessité de dispositions plus sévères sur les faillites, le défaut de garantie qui mettait le débiteur dans une indépendance dangereuse vis-à-vis de ses créanciers en lui laissant la faculté d'abuser de sa situation, qui a amené la rédaction et la promulgation du code de commerce de 1808. Ainsi, c'est dans ce code qu'a été posé pour la première fois en France, le principe absolu du dessaisissement du failli; c'est là qu'on créa un système général d'annulation des actes postérieurs à l'existence de la faillite ou aux dix jours précédents; c'est là, en un mot, que la législation sur les faillites a été le plus notablement améliorée. Pourtant, moins de vingt ans s'étaient écoulés depuis la promulgation de ce code, que déjà des réclamations s'élevaient de toutes parts, et précisément sur la matière qui nous occupe. La protection que la loi doit donner à la masse des créanciers ne justifierait point l'injustice; c'est pourquoi, le sort des actes faits par un failli doit surtout dépendre de la bonne ou de la mauvaise foi des tiers qui ont traité avec lui; sur ce chef, certains articles étaient trop sévères, d'autres ne l'étaient pas assez. Les rédacteurs de la loi du 28 mai 1838, tout en conservant de l'ancien code ce qu'il renfermait de bon, y firent de notables améliorations que l'expérience leur conseillait, et que nous étudierons en détail au fur et à mesure qu'elles se présenteront.

Nous n'avons pas à nous occuper spécialement ici de

tous les résultats que peut amener une déclaration de faillite : ce serait l'étude de la faillite tout entière ; car, c'est seulement après un jugement déclaratif, qu'il doit y avoir des syndics et un juge-commissaire, des convocations et des assemblées de créanciers, une vérification et une affirmation de créances, un concordat et une union.

Ce que nous avons à rechercher, ce sont les effets que le jugement déclaratif de faillite produit directement et de plein droit pour l'avenir, et les conséquences qu'il entraîne dans le passé. Cet examen divise naturellement notre travail en deux chapitres.

CHAPITRE PREMIER.

LES EFFETS PRODUITS POUR L'AVENIR PAR LE JUGEMENT DÉCLARATIF DE FAILLITE.

Lorsqu'un commerçant cesse ses paiements, il est, soit sur sa propre déclaration, soit à la requête d'un ou de plusieurs créanciers, soit même d'office, mis en état de faillite, par jugement du tribunal de commerce du lieu de son domicile. Ce jugement produit forcément et de plein droit pour l'avenir six effets principaux, savoir : le dessaisissement ; la suspension des poursuites individuelles ; l'exigibilité des dettes non échues ; la cessation du cours des intérêts ; la nullité des inscriptions hypothécaires ou privilégiées prises sur les biens du failli après qu'il a été mis en faillite ; et enfin, certaines incapacités,

L'étude de ces effets sera l'objet d'autant de sections.

SECTION PREMIÈRE.

Du dessaisissement.

Les biens d'un débiteur répondent de ses dettes. « *Bona non intelliguntur nisi deducto œre alieno* », disaient philosophiquement les Romains ; « *Les biens d'un débiteur sont le gage commun de ses créanciers* », dit l'article 2093 du Code Napoléon. Dès lors, quelle est la vraie condition du débiteur dont les dettes égalent ou surpassent les biens.

Ces biens, dont la propriété continue de résider sur sa tête, sont en réalité devenus la chose de ses créanciers plutôt que la sienne ; en les gérant, il gère la fortune d'autrui ; et, comme le désordre de ses affaires élève contre lui une présomption de mauvaise gestion, la loi, pour l'empêcher de diminuer son actif ou d'augmenter son passif, la loi, favorisant ainsi le crédit public, frappe d'incapacité le commerçant failli ; elle lui enlève l'administration de ses biens, qu'elle transporte à la masse des créanciers, représentée par les syndics. C'est là ce qui constitue le dessaisissement. (Art. 443 du Code de commerce.) Admis par plusieurs anciennes législations étrangères, le dessaisissement du failli ne résultait pas de l'ordonnance de 1673. Des peines terribles étaient prononcées contre le failli qui divertissait ses biens ; mais la possession lui en était laissée, et, avec elle, les mille tentatives qui le poussaient à les divertir. L'adoption de la règle du dessaisissement du failli a été le pivot du système adopté par le Code de commerce de 1808, et le changement le plus considérable apporté à l'état préexistant.

Le dessaisissement est nécessaire et fatal ; nécessaire, il n'a pas besoin d'être prononcé expressément par le jugement déclaratif, et le tribunal ne pourrait, sous aucun prétexte, en affranchir le failli, le jugement déclaratif de faillite emporte de plein droit le dessaisissement (article 443, Code du commerce) ; fatal, il ne laisse aux juges aucun pouvoir discrétionnaire ; le juge, en effet, doit se borner à vérifier si les actes émanés du débiteur sont ou non postérieurs au jugement déclaratif, et, une fois reconnu qu'ils sont postérieurs, en proclamer la non-existence légale. *Le jugement déclaratif de faillite emporte de plein droit....* (Article 443 du Code de commerce.)

Le dessaisissement atteint tous les biens du failli , ceux qui peuvent lui échoir pendant sa faillite, comme ceux qui lui appartenaient à l'instant où elle a été déclarée , car tout débiteur est engagé sur ses biens à venir comme sur ses biens présents , ainsi que le proclame l'article 2092 du Code civil. Cette conséquence des principes généraux n'était point écrite dans le code de commerce de 1808; elle y avait fait difficulté; c'est pourquoi, le législateur de 1838 a jugé utile de la formuler par une disposition expresse, qui a pris place dans le premier paragraphe de l'article 443. Nous pouvons donc dire que le failli sera dépouillé de tout ce qu'il acquerra, de quelque manière que ce puisse être, tant que durera le dessaisissement universel dont la loi l'a frappé.

Mais, voici que la difficulté surgit ; d'abord, la loi du 8 nivôse, an VI, a, dans l'intérêt du crédit public, attaché aux rentes sur l'Etat le privilége de l'insaisissabilité ; de même, l'article 580 du Code de procédure civile déclare, dans un but d'humanité, que les pensions et les traitements dus par l'Etat ne pourront être saisis que pour la portion déterminée par les lois ou par les réglements ou ordonnances ; c'est ainsi que les traitements ecclésiastiques sont complètement insaisissables ; (arrêté du 18 nivôse, an XI) ; que ceux des militaires et autres fonctionnaires publics le sont pour une certaine quantité. (Décret du 19 pluviôse, an 3 ; loi du 31 ventôse, an IX.) Or, il faut décider nécessairement que ces dispositions restreignent les droits dérivant des créances commerciales comme des créances civiles, et sont applicables en cas de faillite ; qu'en conséquence, elles modifient l'article 443 du Code de commerce. C'est en ce sens que la jurisprudence est fixée, et un arrêt de la Chambre des requêtes du 8 mai 1854 a jugé que la délivrance à un failli du certificat de propriété n'entraînait contre le notaire aucune responsabilité. On lit dans cet arrêt : « *Le principe qui soustrait les rentes sur l'Etat à toute espèce de mainmise de la part des tiers n'est pas modifié par l'état de faillite du propriétaire de la rente; il suit de là que ce n'est pas dans le certificat délivré par le notaire que le failli a puisé le droit d'aliéner la rente ; ce droit lui appartenait en qualité de propriétaire sans contrôle d'un titre que la loi déclare insaisissable.* » (*Dev.-Car.* 54, 1, 309).

Il est encore d'autres objets mobiliers que la loi déclare insaisissables ; ce sont, par exemple, le coucher du saisi, les vêtements dont il est vêtu, une partie des livres qui servent à sa profession, jusqu'à concurrence d'une certaine valeur, etc. Faut-il dire que le failli en perd la disposition comme du reste de ses biens? La négative ne me paraît pas admissible ; si, en effet, l'insaisissabilité des rentes sur l'Etat est une conséquence que le dessaisissement ne peut les atteindre, l'insaisissabilité des objets dont nous parlons doit naturellement avoir le même résultat. On m'oppose l'article 469 du Code de commerce, aux termes duquel « *Le juge-commissaire peut, sur* » *la demande des syndics, les dispenser de faire placer sous* » *les scellés ou les autoriser à en extraire les vêtements,* » *hardes, meubles et effets nécessaires au failli et à sa famille.*» et on conclut de cette disposition que le juge-commissaire peut refuser son autorisation, et qu'alors le failli est bien dessaisi des objets dont il s'agit comme du reste de son actif. Je réponds : Les créanciers n'ont jamais dû compter pour leur paiement sur les objets en question ; dès lors, comment le jugement déclaratif aurait-il pour effet de leur affecter ces objets qu'ils n'auraient pas pu saisir et qui n'ont jamais été destinés à leur servir de gage?

D'ailleurs, on trouvera à l'article 469 une interprétation beaucoup plus naturelle, en lui faisant régler la mise à exécution, en matière de faillite, des articles du Code de procédure civile : l'intervention des syndics et du juge-commissaire sera pour la masse une garantie que, parmi les valeurs mobilières du failli, celles-là seulement seront laissées à sa disposition que la loi a déclarées insaisissables.

Que devrons-nous décider spécialement en ce qui concerne les sommes ou objets disponibles donnés ou légués au failli avec la clause d'insaisissabilité, et les sommes ou pensions constituées pour aliments? D'après l'article 582 du Code de procédure civile, ces objets ne peuvent pas être saisis par les créanciers antérieurs à l'acte de donation ou à l'ouverture du legs, et ils ne peuvent l'être par les créanciers postérieurs qu'en vertu de la permission du juge et pour la portion qu'il détermine. Cette distinction, fondée sur ce que les créanciers antérieurs n'ont pas dû compter sur ces valeurs, tandis que les créanciers postérieurs pouvaient légitimement le faire, sera-t-elle encore admissible en cas de faillite du donataire ou légataire?

La question n'est point douteuse si la donation est faite ou si le legs s'ouvre après le jugement déclaratif; l'esprit et le texte de l'article 582 font décider que les créanciers n'ont aucun droit sur ces valeurs, et que, par conséquent le dessaisissement ne s'y applique pas. Appuyée sur les mêmes motifs, ma solution sera la même dans le cas où, l'acte de donation ou l'ouverture du legs ayant précédé la déclaration de faillite, tous les créanciers sont antérieurs à cet acte de donation où à cette ouverture de legs.

Reste le cas où les uns y sont antérieurs et les autres postérieurs. Dans cette hypothèse, il n'est point douteux que tous les créanciers doivent être traités d'une manière uniforme; si, en effet, le Code de procédure était applicable, il faudrait se reporter, pour connaître les droits de chacun, à la date individuelle de chaque créance, les sommes données ou léguées ne devraient entrer dans l'actif qu'en faveur des créanciers postérieurs à l'acte de donation ou à l'ouverture du legs, et les créanciers antérieurs n'auraient pas à y prendre part ; or, une pareille classification entre les créanciers, d'après la date de leurs créances, serait contraire aux principes fondamentaux de la législation des faillites, qui fait une seule masse de tous les créanciers, et n'établit entre eux d'autres distinctions et causes de préférence que celles qu'elle a expressément prévues. Mais, de ce qu'on ne doit pas distinguer s'ensuit-il que la masse des créanciers aura nécessairement droit aux valeurs recueillies par le débiteur dans les circonstances que nous supposons ? Je ne l'admets pas. Pourquoi, d'abord, cette masse aurait-elle la position des plus favorables parmi les individus dont elle se compose ? Bien plus, pourquoi serait-elle traitée mieux qu'eux ? Et cependant, elle le serait, puisque, l'article 443, n'admettant aucune restriction, la masse saisirait de plein droit et pour la totalité des objets que les créanciers postérieurs à l'acte de donation ou à l'ouverture du legs ne pourraient saisir, s'ils eussent agi individuellement, qu'en vertu d'une permission du juge et pour la portion déterminée par lui. Il faut donc reconnaître que les sommes et objets disponibles déclarés insaisissables par le donateur ou le testateur, de même que les sommes et pensions pour aliments, échappent au dessaisissement, en cas de faillite du donataire ou légataire.

Enfin, le dessaisissement que consacre notre article 443 au profit de la masse, s'applique-t-il aux produits du commerce ou du travail auquel le failli se serait livré depuis le jugement déclaratif ? l'affirmative est admise par la doctrine et par la jurisprudence, et telle est aussi la solution qu'il faut donner à la question. En effet, le législateur de 1838, quand il a parlé dans l'article 443 des biens qui peuvent échoir au failli après le jugement déclaratif, a eu précisément en vue les biens provenant de son travail et de son industrie. La cour de Paris avait décidé, dans un arrêt du 2 février 1835, que le dessaisissement ne pouvait avoir pour effet de priver le failli d'exercer une industrie postérieurement à la faillite, et d'engager au profit exclusif de ses premiers créanciers les biens que cette industrie lui aurait fait acquérir. Cet arrêt fut cité dans la discussion à la Chambre des députés, et c'est dans le but de rectifier la doctrine qu'il contient que fut adoptée la rédaction actuelle de l'article 443. Ainsi le travail et l'industrie du failli dessaisi resteront libres, en ce sens qu'il pourra les exercer comme il lui plaira, et que ses créanciers n'auront aucune action ni pour le contraindre, ni pour l'empêcher d'en faire tel ou tel usage ; mais les fruits de cette industrie, de ce travail, appartiennent à ses créanciers, et non à lui, c'est pour eux qu'il acquiert; et ceci est applicable même aux rétributions et aux profits qui sont les fruits journaliers du travail personnel du failli. (Cour de Paris, arr. 6 juil. 1855, Dev.-Car. 55, 2, 473).

« Quel serait donc, écrit M. Renouard, quel serait le but d'un concordat, qui, replaçant le failli à la tête de ses affaires, lui permet de faire des opérations nouvelles, si celui-ci pouvait, en l'absence d'un concordat, opérer et contracter, sauf à dire à ses créanciers anciens : Prenez ce que vous laisse, j'agirai sur de nouveaux frais?» Je m'empresse d'ajouter que les acquisitions ainsi faites par le failli pour ses créanciers n'adviendront à ceux-ci que sous la déduction des frais et déboursés sans lesquels elles n'auraient pas pu avoir lieu. De même que le dessaisissement s'applique aux successions qui peuvent échoir au failli mais à la charge par la masse de payer les dettes qui les grèvent, de même ici on serait fondé à invoquer contre elle la maxime *Bona non intelliguntur nisi deducto œre alieno.* On en comprend, du reste, le motif. Les charges de la chose forment un des éléments de sa valeur totale qui n'appartient point aux créanciers et dont ceux-ci ne pourraient s'emparer qu'en s'enrichissant aux dépens d'autrui.

A part quelques divergences dans les détails, la théorie que nous venons d'exposer est admise par la plupart des auteurs ; mais le point principal sur lequel on discute encore, c'est de savoir si les actions, auxquelles peut donner lieu la nouvelle industrie du failli, seront exercées par lui et contre lui, sauf la faculté pour les syndics d'intervenir, ou si, au contraire, elles ne peuvent être exercées que par les syndics et contre eux. MM. Renouard et Massé se prononcent dans ce dernier sens. (Renouard, Traité des faillites, tome i, 297).

Quant à moi, j'adopterai la première opinion avec Bédarride et de la Jurisprudence ; l'action, ce droit de réclamer devant les juges compétents ce qui nous est dû ou ce qui nous appartient, est la sanction de tous nos droits ; or, si le dessaisissement n'empêche pas le failli d'exercer personnellement un commerce et une industrie, de passer lui-même tous actes qui rentrent dans ce commerce ou cette industrie, pourquoi l'empêcherait-il de faire lui-même respecter ce qu'il avait le droit de faire, c'est-à-dire de figurer en personne dans les procès auxquels ces actes peuvent donner lieu ? On n'a jamais contesté à un mineur habilité à faire commerce, le droit de plaider dans les procès qui surgissent à l'occasion de ce commerce ? La position du failli qui se livre à une industrie est tout à fait analogue ; on doit le traiter de la même manière.

Le dessaisissement dont nous venons d'étudier la généralité avec les exceptions qu'elle comporte, ne peut être invoqué que par les syndics et au nom de la masse ; et jamais, le débiteur ne peut s'en prévaloir : ses actes, bien que postérieurs au jugement déclaratif, sont nuls vis à vis de la masse, mais valables vis à vis de lui. L'article 445 applique très bien cette idée lorsqu'il dit : « *Le jugement déclaratif arrête* A L'ÉGARD DE LA MASSE SEULEMENT, *le cours des intérêts de toute créance.* »

L'article 2003 du Code civil dit que le mandat finit par la déconfiture, soit du mandant, soit du mandataire ; cette disposition est applicable à la faillite. La faillite du mandant termine le mandat par une conséquence nécessaire du principe de dessaisissement ; si le mandant ne peut plus administrer par lui-même, comment le pourrait-il davantage par une personne de son choix, dont les actes sont réputés les siens ? Le mandat finit par la faillite du mandataire ; parce que la position nouvelle de ce dernier n'inspire plus assez de confiance pour qu'on puisse supposer la continuation de celle dont il a été l'objet. De là deux conséquences opposées : un failli ne peut pas donner un mandat parce qu'il administrerait ; mais il peut en recevoir un parce que celui qui le lui donne sait dans quel état se trouve celui qu'il investit de ses pouvoirs.

Le dessaisissement diffère de l'interdiction, l'incapacité du failli dessaisi étant établie pour protéger la masse des créanciers, ceux-ci seulement ont le droit de s'en prévaloir, et lui-même ne le peut pas. Au contraire, l'incapacité qui naît de l'interdiction ne peut être invoquée que par l'interdit ou ses représentants, puisque c'est uniquement leurs intérêts que la loi a voulu sauvegarder.

L'interdit ne peut être tuteur ni membre du conseil de famille (art. 42. Code Napoléon), cette disposition est-elle applicable au failli ? L'affirmative n'est point douteuse dans le cas de banqueroute ; le texte des articles 443 et 444

du Code Napoléon s'applique explicitement au banqueroutier. Mais, en ce qui concerne la faillite ordinaire, nous
n'avons aucune disposition semblable ; on ne saurait donc
créer une incapacité que la loi ne prononce pas. Toutefois,
aux termes de l'article 444 du Code Napoléon, les individus
dont la gestion attesterait l'incapacité ou l'infidélité sont
exclus de la tutelle et même destituables ; or, le jugement
déclaratif sera la plupart du temps, aux yeux du conseil
de famille et des magistrats, une preuve suffisante d'incapacité. Comment, en effet, imposeraient-ils à ce mineur,
qui a droit à toute leur protection, un tuteur insolvable,
dessaisi de l'administration de ses propres biens, incapable de s'engager, et dont la responsabilité illusoire est
légalement déliée de toute garantie effective ?

J'en dis autant du cas où il s'agit pour le failli, non
pas d'être tuteur, mais d'avoir l'administration légale des
biens de ses enfants mineurs pendant le mariage.

La loi, en effet, n'ayant pas tracé de règles spéciales
pour l'administration paternelle, je lui appliquerai, avec
M. Valette , les règles qui régissent les incapacités ,
exclusions, et destitutions en matière de tutelle.

Lorsqu'un homme marié est interdit, et, par conséquent,
mis en tutelle, le tuteur prend en main l'administration
des biens de la communauté et des biens personnels de la
femme ; il remplace le mari dans l'administration qui
appartenait à celui-ci en vertu du régime matrimonial.
Au contraire, le mari déclaré en faillite reste administra-
teur, conformément aux conventions matrimoniales, des
biens personnels de sa femme, sinon de ceux de la communauté, qui sont le gage de ses créanciers. Seulement, il
arrivera, en fait, que la femme, pour la conservation et la
protection de ses droits, ne manquera pas de provoquer la
séparation de biens. (Art. 1443, Code Napoléon).

Enfin, l'interdit ne peut consentir au mariage ni à l'adoption de son enfant; il ne peut pas exercer le droit de correction ni le droit d'émancipation ; il ne peut davantage autoriser sa femme. Rien de semblable pour le failli.

Le dessaisissement ne doit pas non plus être confondu avec l'expropriation ; car, après le jugement déclaratif comme avant, le débiteur reste propriétaire de ses biéns, il n'en perd que l'administration. Aussi, ce jugement n'entraîne aucun droit de mutation et est dispensé de la formalité de transcription.

D'après l'article 1865 du Code Napoléon, la société finit de plein droit par la déconfiture de l'un des associés, et l'on applique cette disposition à la faillite. (Cours de Paris 5 janvier 1853, Dev. Car. 54, 2, 341).

J'ai hâte d'ajouter que la société n'est pas dissoute par la faillite du simple commanditaire, dont le changement d'état ne désorganise pas une administration sociale, et dont la ruine ne peut affecter ni la fortune ni le crédit de la société. Il a été jugé que la faillite de la société entière ne dissout pas celle-ci de plein droit; (Cass, ch. Civile, 9 mai 1854); ce cas est réglé par les dispositions générales de l'article 1871 du Code Napoléon, qui laissent au juge un pouvoir discrétionnaire ; l'article 531 du code de commerce, en permettant de ne consentir un concordat qu'en faveur d'un ou de plusieurs des associés, suppose qu'un concordat pourra être accordé à la société considérée collectivement, ce qui serait impossible si le fait seul de la faillite avait dissous la société et mis fin à son existence.

L'exercice des actions en justice est un acte d'administration ; donc le failli en est dessaisi : « *A partir du jugement déclaratif de faillite, toute action mobilière ou immobilière ne pourra être suivie ou intentée que contre les syndics.* » (Article 443, code de commerce, 2ᵉ partie). SUIVIE s'entend de la continuation des actions, dont les tribunaux étaient déjà saisis au moment de la faillite;

INTENTÉE s'entend des actions nouvelles qui ne seraient introduites qu'après la faillite. Ainsi, supposons que j'ai intenté une action, mobilière ou immobilière, purement relative aux biens, contre un commerçant qui vient à être déclaré en faillite *inter moras litis*: il résulte du texte même de l'article 443 que mon action devra désormais être suivie contre les syndics, D'ailleurs, l'affaire ne donnera pas lieu à reprise d'instance. (1er alinéa de l'art. 345 du code de Procédure Civile). L'avoué ou le mandataire du failli, il est vrai, se trouvera révoqué par le jugement déclaratif (Art. 2003, Code Napoléon), mais, c'est aux tribunaux, dans leur sagesse, de ne pas condamner les syndics par défaut, et à leur accorder un délai suffisant pour examiner l'affaire, et pour prendre, en connaissance de cause, la résolution de soutenir les conclusions du failli ou de faire eux-mêmes droit à la demande.

On le voit, l'article 443 ne s'est occupé que du cas le plus ordinaire, de l'exercice des actions passives. Il est donc incomplet à cet égard. Du reste, il va de soi que, à partir du jugement déclaratif, les actions que le failli peut avoir à exercer contre des tiers doivent être intentées, non par lui, qui est dessaisi, mais par les syndics. L'article 474 fait une application très nette de ce principe.

Je m'empresse toutefois de dire que le failli, resté propriétaire de ses biens, n'est pas étranger aux actions judiciaires qui les concerne, ni indifférent à leur sort: C'est pourquoi la loi permet de le recevoir intervenant. « *Le tribunal pourra, lorsqu'il le jugera convenable, recevoir le failli partie intervenante.* » (443, 3e Partie.)

La disposition du deuxième paragraphe de l'article 443 est générale; elle s'étend à toute action, soit mobilière, soit immobilière. Il en était autrement sous l'empire de l'ancien code, quant à la suite des actions immobilières intentées avant la faillite; en effet, l'ancien article 494

(Tripier, page 642) décidait que *toute action civile intentée avant la faillite contre la personne et les biens mobiliers du failli, par un créancier privé, ne pouvait être suivie que contre les agents et contre les syndics ;* » d'où, l'on concluait que le législateur, en gardant le silence sur les actions immobilières intentées avant la faillite, les avait, par cela même, laissées sous l'empire du droit commun, auquel il n'avait d'ailleurs en ce point dérogé expressément par aucune disposition spéciale. La cour de cassation, dans un arrêt du 20 mai 1834, a appliqué cette doctrine ; mais la loi de 1838 l'a rejetée, et avec raison. Pourquoi, en effet, scinder les conséquences du dessaisissement d'administration ?

Les immeubles font partie du gage de la masse, sauf les causes légales de préférence ; la masse a donc intérêt à conserver les immeubles comme les autres parties de l'actif, et à veiller à ce qu'ils soient vendus régulièrement et à leur juste valeur.

Quand je parle d'actions judiciaires dont l'exercice est enlevé au failli, j'entends uniquement celles qui concernent l'administration des biens. Quant aux actions qui sont exclusivement attachées à la personne, le failli n'en est pas dessaisi, ni en demandant, ni en défendant.

Les motifs de cette distinction ressortent des termes de l'article 443, *qui ne prononce que le dessaisissement de l'administration des biens,* et des termes plus formels encore de l'article 1166 du Code Napoléon : « *Les créanciers peu-* « *vent exercer tous les droits et actions de leur débiteur, à* « *l'exception de ceux qui sont exclusivement attachés à la* « *personne.* » Ainsi, le failli exercera lui-même ses droits de père, d'homme, d'époux ; il pourra intenter une action en séparation de corps, en adultère, en voies de fait, en diffamation, en révocation d'une donation pour cause d'ingratitude, ou y défendre ; toutefois, comme toute action judiciaire expose à des frais, j'accorderai aux syndics

le droit d'être présents pour la surveillance et la conservation des intérêts de la masse, même dans les instances
personnelles au failli; et les condamnations prononcées
contre celui-ci hors de leur présence n'obligeraient point
la masse, sauf peut-être une exception pour le cas où la
condamnation est prononcée par un tribunal de répres-
sion. (Cas. Ch. Crim. 9 mai 1846 Dev.-Car. 46. 1. 844.)

Il me paraît nécessaire d'ajouter ici quelques développements en ce qui concerne la demande en révocation
d'une donation pour ingratitude du donataire aujourd'hui
en faillite.

Je suppose d'abord que les faits d'ingratitude dont se
plaint le donateur se soient accomplis depuis le jugement
déclaratif de la faillite. Dans ce cas, ce ne sera pas aux
syndics que devra s'adresser le donateur. En effet, par
suite du dessaisissement, le donataire ne peut plus, soit
par des faits licites, soit par des faits illicites, augmenter
son passif ou diminuer son actif, au préjudice de la masse
de ses créanciers. Donc, si le donateur croit de son intérêt de faire prononcer la révocation dont il s'agit, ce ne
sont pas les syndics qu'il doit actionner; car, les syndics
représentent la masse de la faillite, et la révocation, qui
aura peut-être effet vis-à-vis du failli, s'il revient plus
tard à meilleure fortune, n'en aura certainement point
vis-à-vis de la masse.

Ma solution sera la même dans le cas où les actes
d'ingratitude dont le donateur se plaint ont été accomplis
avant que le donataire ne fût déclaré en faillite. Car, la
révocation pour ingratitude a cela de particulier qu'elle
ne peut jamais être demandée que contre la partie coupable
d'ingratitude. (Art. 957 du Code Napoléon); c'est une
peine qui peut être infligée seulement au donataire ou à
ceux qu'il représente; or, les créanciers du donataire ont
cessé d'être représentés par lui, dès que le tribunal de
commerce l'a déclaré en faillite.

Mais que décider si l'action en révocation pour cause d'ingratitude avait déjà été intentée contre le donataire au moment où il est déclaré en faillite? Ici, la masse des créanciers doit être traitée comme une personne au profit de laquelle le donataire aurait aliéné la chose donnée. S'agit-il d'un immeuble, dont la donation a dû être transcrite? Si la faillite du donataire a été déclarée avant qu'un extrait de la demande en révocation ait été inscrit en marge de la transcription, cette demande ne pourra être suivie contre les syndics, car la révocation sera non-avenue vis-à-vis de la masse. Si, au contraire, un extrait de la demande en révocation avait été inscrit en marge de la transcription au moment où est intervenu le jugement déclaratif, le donateur pourra encore suivre son action contre le donataire, mais en ayant soin de mettre en cause les syndics, afin de pouvoir invoquer contre la masse le jugement de révocation qu'il sollicite. S'agit-il d'une donation qui n'a pas été transcrite? La simple demande en révocation a ici le même effet que nous avons produit tout à l'heure par l'inscription d'un extrait de cette demande.

Quand un mari est en faillite, la demande en séparation de biens doit-elle être intentée contre les syndics? Assurément, on peut douter si elle s'attaque plutôt à la personne qu'aux biens, et réciproquement. D'un côté, elle est fondée sur la mauvaise administration du mari, ce qui peut la faire considérer comme relative à la personne; mais, d'un autre côté, elle modifie les droits du mari sur les biens de sa femme (article 1449, Code Napoléon), et elle autorise celle-ci à exercer ses reprises, ce qui peut faire considérer cette action comme relative aux biens. Toutefois, comme les syndics ont entre les mains toutes les pièces constatant la situation active et passive du failli, permettant d'apprécier son administration, je déciderai que cette action est plutôt relative aux biens qu'à la personne, et qu'ainsi elle doit être intentée contre les syndics.

Mais, lorsque ce sera la femme elle-même qui sera en faillite, appartiendra-t-il aux syndics d'intenter de son chef la demande en séparation de biens contre le mari qui compromettrait les reprises de sa femme, ou contre les syndics de la faillite du mari, s'il était lui-même en faillite ? La question ne saurait être sérieusement débattue. Car, que cette action soit relative aux biens ou à la personne, le législateur, par des motifs de l'ordre moral le plus élevé, n'a pas voulu que les créanciers de la femme pussent exercer de son chef, sans son consentement, l'action en séparation de biens. (Article 1446 du Code Napoléon.) Mais, ce même article ajoute que les créanciers personnels de la femme, en cas de faillite ou de déconfiture du mari, peuvent exercer les droits de leur débitrice jusqu'à concurrence du montant de leurs créances ; ainsi, par exemple, si la femme s'est mariée en communauté, avec réserve qu'au cas de renonciation à la communauté, elle pourrait reprendre son apport franc et quitte (article 1514, Code Napoléon), les syndics de sa faillite exerceront ce droit de reprise en renonçant de son chef à la communauté.

Qu'arriverait-il si le failli avait intenté une action qui, conformément aux principes qui viennent d'être exposés, aurait dû être intentée par les syndics? Sans doute, le défendeur a le droit de faire prononcer par le tribunal que la demande n'est pas recevable ; car, s'il obtenait gain de cause, il ne pourrait s'en prévaloir contre la masse de la faillite, et les syndics pourraient soulever de nouveau contre lui la même question.

Mais, si avant que la demande du failli n'eût été rejetée pour ce motif, les syndics étaient intervenus, et qu'ils se

fussent appropriés l'action, le vice de cette action serait
complètement purgé ; en conséquence, la demande du
failli se trouverait avoir interrompu la prescription, avoir
fait courir les intérêts (Poitiers, arrêt du 29 janvier 1829).
En effet, l'acte conservatoire émané du failli est valable ;
et, comme le dit très bien la Cour d'Aix, arrêt du 2 mars
1853. l'article 443 du Code de commerce, ne frappe le
failli que d'une incapacité relative, laquelle le dépouille
seulement de toutes les actions dont l'exercice nuirait à
la masse de ses créanciers ; le dessaisissement, établi
dans l'intérêt de cette masse, doit être invoqué par elle
de damno vitando, par rapport à tout ce que le failli voudrait entreprendre. » (Dev. Cav., 53, 2, 229.)

Nous avons étudié les principaux caractères du dessaisissement ; nous avons vu quels étaient ses effets. Il nous
reste à chercher à quel moment il commence et à quelle
époque il finit.

Le dessaisissement commence du jour du jugement déclaratif de faillite ; car, il en résulte de plein droit, (art.
443 du code de comm.), sans qu'il y ait aucune formalité
à remplir, ni aucune inscription à prendre. On ne doit donc
nullement s'arrêter à rechercher si les tiers avec lesquels
le failli aurait personnellement contracté postérieurement
au jugement déclaratif, ont eu connaissance de ce jugement.

On ne peut avoir nul égard au délai des distances ; et les
actes passés avec le failli, le jour même du jugement déclaratif, fût-ce en un lieu éloigné, fût-ce en un pays étranger, ne sauraient être valides. Cette décision peut paraître
inique à l'égard des tiers ; mais, c'est la seule qui puisse
prévenir les fraudes, et se concilier avec le texte précis de
la loi. Ce texte est impératif et absolu ; il est conçu dans
l'intérêt de la masse des créanciers, à laquelle il importe
que toutes les forces de la faillite soit concentrées immé-

diatement entre les mains des syndics. (Grenoble, 12 avril 1851. — Dev.-Car. 51. 2. 727).

Je vais plus loin. Il résulte de l'article 443, que le dessaisissement atteint le failli le jour même du jugement ; or, les jugements n'indiquent pas l'heure à laquelle ils sont rendus ; par conséquent, le jugement en fait n'eût-il été rendu qu'à trois ou quatre heures après-midi le dessaisissement n'en a pas moins existé dès la première heure du jour. C'est en ce sens que la jurisprudence s'est prononcée. Ainsi, en 1848, la cour d'Amiens décide qu'aucun paiement valable n'a pu être fait par le failli le jour du jugement déclaratif. (Dev. Car. 48. 2. 715); en 1853, la cour de cassation prononce la nullité de saisies-arrêts faites le jour même où le failli a été déclaré en faillite. (Dev. Car. 53. 1. 321 ; enfin, en 1857, la cour de Metz reconnaît que dès le jour du jugement déclaratif, sans distinction du matin ou du soir, et moins encore du jour ou du lendemain, le failli ne peut ni recevoir ni payer valablement. (Dev. Car. 58. 2. 328).

Le dessaisissement cesse par l'homologation du concordat. (Art. 519, Code de commerce) et par la dissolution de l'union. (Art. 537, Code de commerce); son effet est suspendu par la clôture pour insuffisance d'actif. (Art. 527, Code de commerce). Il n'est pas besoin de dire qu'il n'y a plus lieu à dessaisissement lorsqu'un jugement rétracte la déclaration de faillite, ou lorsque la réhabilitation l'efface.

SECTION II.

Suspension des poursuites individuelles.

Je passe à un autre effet du jugement déclaratif de faillite, c'est-à-dire à la suspension des poursuites individuelles des créanciers tant sur les biens que sur la personne du failli.

Occupons-nous d'abord de la suspension des voies d'exécution sur les biens.

Nous l'avons déjà dit, les biens d'un débiteur sont le
gage de ses créanciers, qui ont le droit de les faire vendre
pour être payés. (Art. 2204. C. N.) Mais, si, après le jugement déclaratif de faillite, chaque créancier porteur d'un
titre exécutoire pouvait individuellement faire des actes
d'exécution sur les biens compris dans la faillite, il en résulterait de grandes complications de procédure et des
frais énormes. De plus, chaque créancier n'ayant droit
dans l'actif qu'à une part proportionnelle à la somme pour
laquelle il figure dans le passif, aucun d'eux ne peut se
procurer son paisment au détriment des autres en faisant
des actes d'expropriation. De là, la suspension des poursuites individuelles sur les biens du failli ; Ce principe qui
n'est consacré par aucun texte formel, résulte très claire-
ment des articles 527, 534, 571 du code de commerce :

*Art. 527. Si à quelqu'époque que ce soit..... le cours des
opérations de la faillite se trouve arrêté par insuffisance de
l'actif, le tribunal de commerce pourra, sur le rapport du
juge-commissaire, prononcer, même d'office, la clôture des
opérations de la faillite. Ce jugement fera rentrer chaque
créancier dans l'exercice de ses actions individuelles, tant
contre les biens que contre la personne du failli.....*

*Art. 534. Les syndics sont chargés de poursuivre la vente
des immeubles, marchandises, et effets mobiliers du failli....*

*Art. 571. A partir du jugement qui déclarera la faillite,
les créanciers ne pourront poursuivre l'expropriation des immeubles sur lesquels ils n'auront pas d'hypothèques.*

L'article 443, troisième alinéa du même code semble
difficile à concilier avec la proposition que nous venons
d'établir. En effet, dans cet article, après avoir dit que les
actions ne pourront être suivies ou intentées que contre les
syndics, le législateur ajoute: « *Il en sera de même de*

toute voie d'exécution, tant sur les meubles que sur les immeubles. » D'où il semble que les voies d'exécution, comme les actions judiciaires ne sont pas suspendues par le jugement déclaratif de faillite; puisque, d'après le texte, les unes et les autres devraient être dirigées contre les syndics. Cependant, si l'exercice des actions n'est pas arrêté, il en est autrement des voies d'exécution sur les biens. La règle est que, les créanciers ne peuvent point saisir le patrimoine du débiteur failli; par exception, certains créanciers le peuvent, et alors, c'est contre les syndics, non contre le failli lui-même qu'ils procèdent. Le troisième alinéa de l'article 443, en parlant de voies d'exécution suivies ou intentées, suppose qu'elles émanent de créanciers qui ne sont pas compris dans la règle: sa rédaction est vicieuse, puisqu'il se réfère à une exception sans poser le principe général; mais ce principe n'en est pas moins incontestable.

Quels sont donc les créanciers qui ont perdu le droit de poursuivre le débiteur failli? Ce sont ceux qui ont suivi sa foi, couru la chance de sa bonne ou de sa mauvaise fortune; ce sont, en un mot, les créanciers chirographaires. Pour eux, il n'y a pas à se demander contre qui ils exerceront des voies d'exécution après le jugement déclaratif; ils ne peuvent absolument pas en exercer, pas plus contre les syndics que contre le failli lui-même. Toutefois, on s'est fait cette question? Un créancier chirographaire qui n'a pas le droit de commencer une poursuite en expropriation après le jugement déclaratif, n'a-t-il pas au moins le droit de la continuer quand il l'a commencée antérieurement? Ne peut-on pas argumenter par analogie de l'article 572, aux termes duquel le créancier hypothécaire peut continuer après l'époque de l'union une poursuite qu'il ne serait pas en droit de commencer? La question est controversée. Je soutiendrai la négative. En effet, l'article

443, met sur la même ligne la voie d'exécution qui est intentée et celle qui est suivie après le jugement déclaratif de faillite, donc, il résulte de cet article que, si un créancier chirographaire peut suivre, après le jugement déclaratif l'exécution qu'il avait commencée auparavant, il en résulte aussi, de toute nécessité, qu'un créancier chirographaire peut intenter après le jugement déclaratif, une voie d'exécution sur les biens du failli. Défendre au créancier chirographaire de pratiquer une saisie après le jugement déclaratif et lui permettre de continuer la saisie pratiquée auparavant, c'est distinguer là où la loi exclut formellement toute distinction, c'est violer la loi. (Cour de Rouen, arrêté du 6 janvier 1843. Dev. Car. 43, 2, 120. — Paris, arrêt du 2 juillet 1846. Dev. Car. 46, 2, 391). D'ailleurs, le créancier chirographaire n'a pas d'intérêt à mettre à fin la poursuite entamée avant le jugement déclaratif, puisqu'il ne lui serait pas permis de toucher le prix provenant de la vente, ce prix étant une valeur qui doit être répartie entre tous. Les syndics pourront donc le sommer de discontinuer ses poursuites, et il sera tenu d'obtempérer à leur sommation. Quant aux frais qu'il a pu faire jusque-là, les syndics devront les lui rembourser, ou du moins s'engager à lui en tenir compte ; en effet, si la poursuite était mise à fin, ils se prélèveraient sur le prix ; or, en commençant ces poursuites, il a usé de son droit ; il est juste qu'il n'en souffre aucun préjudice. (Bordeaux, arrêt du 28 novembre 1840. Dalloz, jurisprudence gén. faillite, numéro 229.)

Nous avons déjà dit que notre règle souffre une exception, et que c'est à cette exception que se réfère le troisième alinéa de l'article 443. Les créanciers qui se sont prémunis d'avance contre la faillite ou l'insolvabilité, qui n'ont contracté avec le débiteur que sur la foi de certaines garanties particulières qu'il leur a données, en un mot, les créanciers *hypothécaires*, *privilégiés* ou *nantis*, conservent, après le jugement déclaratif, la même position qu'ils avaient avant ; car, leurs rapports avec la chose sur laquelle ils veulent exercer leurs droits, et qui a été la cause déterminante du contrat qu'ils ont formé, ne sont nullement troublés ni altérés par le changement survenu dans la position générale du débiteur. Ils conservent donc le droit de faire des actes d'exécution après le jugement déclaratif. (Articles 571, 450, 548, 551, Code de comm.)

Cette exception a elle-même besoin d'un double tempérament.

D'abord, lorsqu'on est en état d'union, les syndics sont tenus de procéder dans la huitaine à la vente des immeubles du failli. Les créanciers hypothécaires ou privilégiés n'ont donc plus d'intérêt à exercer eux-mêmes des poursuites pour réaliser leur gage. Aussi, l'article 572 leur défend-il de commencer des actes à fin d'expropriation, leur permettant seulement de continuer ceux qu'ils auraient commencés avant l'époque de l'union.

Le seconde restriction que j'ai annoncée s'applique au privilége du propriétaire des lieux où le failli exerce son commerce.

Le privilége de locateur appartient aux propriétaires ou à leurs ayants-droit, tels que locataires principaux, les usufruitiers, les antichrésistes, qui ont donné un bien à bail ou à ferme; et qui sont créanciers pour loyers, fermages, réparations locatives, et exécution du bail (article 2102, Code Napoléon; — article 819, Code de procédure civile).

S'il y a bail authentique ou bail sous signatures privées ayant date certaine, nulle difficulté ne peut s'élever sur la durée du bail, et, par conséquent, sur l'étendue de la créance; le privilége est attaché à toute la créance, tant pour les loyers échus que pour les loyers à échoir jusqu'à l'expiration du bail. (Art. 2102, Code Napoléon.) A défaut de bail ayant date certaine, l'article 2102 donne privilége *pour une année à partir de l'année courante,* et, sur les termes de ce paragraphe, on a débattu la question de savoir si le privilége ne frappe que l'année de loyers qui écherra à partir de l'année courante, ou si, au contraire, il s'étend en outre, soit aux loyers de l'année courante, soit aux loyers antérieurs échus et non payés. Les Cours et les auteurs ont été fort divisés à cet égard. Ce n'est pas ici le lieu de discuter la question. La jurisprudence donne au locateur le privilége le plus étendu : pour les termes échus, pour l'année courante, et pour une année à partir de l'année courante. Du reste, quand nous parlons des droits du locateur, il va sans dire que nous supposons avant tout qu'il y a contrat de louage reconnu valable. Les tribunaux sont appréciateurs de la sincérité du bail; ils peuvent déterminer son véritable prix ; ils sont juges des simulations.

Le privilége du propriétaire s'applique aux fruits de la récolte de l'année, à tout ce qui garnit la maison louée ou la ferme, à tout ce qui sert à l'exploitation de la ferme (article 2102 du Code Napoléon).

De même, toutes les fois que nous permettons au locateur de se faire payer par préférence des loyers à échoir, nous supposons que les garanties sur lesquelles il pouvait légitimement compter pour le paiement de ces loyers se trouvent anéanties ou diminuées. Ainsi, il faut décider que, si le locataire devenant insolvable, le droit au bail est cédé à une personne qui laisse dans les lieux le même mobilier, de manière qu'il n'est point saisi ou vendu; le locateur n'a rien à demander et n'a aucune poursuite à exercer quant à présent en ce qui concerne les loyers à échoir. (Paris, Cour, 12 décembre 1861. Dev. Car. 62, 2, 59.)

Ceci posé, l'expérience avait démontré que, lorsque le

propriétaire usait sans ménagement de son droit, et dès le
premier moment de la faillite, il en résultait un grave
préjudice pour tous les intéressés ; car l'exploitation du
fonds de commerce était forcément interrompue par la
saisie et la vente des objets servant à cette exploitation ;
or, l'interruption de l'exploitation faisait perdre l'acha-
landage, et elle amoindrissait ainsi singulièrement la
valeur du fonds de commerce. Aussi, le législateur de
1838, tout en reconnaissant le droit du propriétaire de se
faire payer, même après le jugement déclaratif, par voie
de saisie, des termes auxquels il a droit, a voulu que
l'exercice de ce droit fût soumis à une suspension forcée
de trente jours, afin de donner au failli et à ses créanciers
le temps de se procurer les fonds nécessaires pour désin-
téresser le propriétaire. (Article 450. « *Toutes voies d'exé-*
« *cution pour parvenir au paiement des loyers sur les effets*
« *mobiliers servant à l'exploitation du commerce du failli,*
« *seront suspendus pendant trente jours à partir du juge-*
« *ment déclaratif de faillite, sans préjudice de toutes*
« *mesures conservatoires, et du droit qui serait acquis au*
« *propriétaire de reprendre possession des biens loués. Dans*
« *ce cas, la suspension des voies d'exécution établie au pré-*
« *sent article, cessera de plein droit.* »)

Mais remarquons, que cette suspension ne s'applique
qu'aux poursuites que le propriétaire voudrait exercer sur
les objets nécessaires à l'exploitation du commerce du
failli, et non aux poursuites sur des objets servant à
l'usage du failli ; — que, même pendant les trente jours,
le propriétaire pourra faire des actes conservatoires ; empêcher, par exemple de dégarnir les lieux des objets qui
s'y trouvent , et qui sont le gage spécial des loyers à lui
dus , et revendiquer les meubles qui auraient été déplacés
sans son consentement, — enfin, que si la durée du bail
était expirée, ou si la résiliation en avait été dûment et

définitivement prononcée avant le jugement déclaratif, ou encore, si le bail, contenant la clause de résiliation de plein droit faute de paiement d'un terme de loyer, il y avait eu sommation faite au failli avant le jugement déclaratif; en un mot, si le propriétaire pouvait, en vertu d'un droit résultant de son contrat, rentrer en possession des lieux loués au commerçant tombé en faillite, la suspension n'aurait plus d'objet et cesserait ; car, on peut bien, en exécutant le bail, empêcher le propriétaire d'en faire prononcer la résolution : mais, quand le bail est expiré, on ne peut, même en lui offrant un prix plus élevé, le forcer à le renouveler, attendu que nul ne peut être forcé de contracter. (Art. 450, in fine C. de com.).

Je n'ai plus à faire sur les actions et sur les voies d'exécution qu'une remarque qui complètera l'explication de l'article 443. Le Code de 1808 était muet sur la question de savoir si le failli peut intervenir dans les procédures engagées entre les syndics et des tiers; mais plusieurs arrêts, et même des arrêts de la cour de cassation (19 avril 1826, Requêtes) lui avaient reconnu la faculté d'intervenir. En 1838, l'introduction de cette disposition dans la loi nouvelle fut proposée par la première commission de la Chambre des députés, et fut vivement contestée. (Séance du 19 février 1835, Chambre des députés). Mais on insista sur le droit que le failli conserve à la propriété de ses biens, sur l'intérêt qu'il a de voir réaliser son actif pour la plus haute valeur possible, sur l'injustice qu'il y aurait à l'empêcher de prévenir les effets désastreux pour lui d'une mauvaise gestion des syndics, de leur négligence, de leurs malversations, de leur collusion avec tel ou tel créancier ; et finalement, le paragraphe additionnel fut adopté.

Le tribunal pourra donc, lorsqu'il le jugera convenable, recevoir le failli partie intervenante soit dans les actions soit dans les voies d'exécution qui l'intéressent, et où les syndics figurent en son nom. Du reste, le tribunal étant toujours libre d'accorder ou de refuser au failli la faculté d'intervenir, il n'y a pas à craindre que le failli en abuse au détriment de la masse.

Le failli, disons-nous, ne peut jamais intervenir qu'autant qu'il y est autorisé par le tribunal. Evidemment, c'est par lui, et non par les syndics que sera demandée l'autorisation dont il s'agit. Voilà donc un cas dans lequel, au sujet d'une question qui concerne les biens et non la personne, le failli adresse lui-même requête au tribunal, peut ester lui-même en jugement pour soutenir sa demande.

De même, si la requête du failli est rejetée, (et elle ne peut l'être que par un jugement motivé, sous peine de donner ouverture à la requête civile, art. 480, 5° C. de Procédure civile) c'est au failli lui-même qu'il appartiendra d'interjeter appel. Réciproquement, la requête du failli étant admise, la partie qui voudrait interjeter appel du jugement devrait l'interjeter contre le failli lui-même.

Le tribunal, qui a qualité pour autoriser l'intervention du failli, est naturellement le tribunal devant lequel la procédure est engagée entre les syndics et le tiers.

Le failli ne sera pas reçu à former tierce-opposition à un jugement rendu avec ses syndics après rejet de son intervention, ou sans qu'il se soit présenté. On le repousserait dans le premier cas, parce que l'admission de son intervention était facultative; on le repousserait dans le second, parce que les syndics l'ont représenté légalement.

Lorsque le failli a été admis à intervenir en première instance, il peut certainement interjeter appel du jugement auquel il a été partie. Mais, peut-il intervenir pour la première fois en cause d'appel? Au premier abord, la

question semble résolue négativement par les articles 466
et 474 du Code de procédure civile ; art. 466. « *Aucune
intervention ne sera reçue, si ce n'est de la part de ceux
qui auraient droit de former tierce-opposition.* » Art. 474.
« *Une partie peut former tierce-opposition à un jugement
qui préjudicie à ses droits, et lors duquel ni elle ni ceux
qu'elle représente, n'ont été appelés.* » Evidemment, le
failli ne serait pas recevable à former tierce-opposition ;
il n'y avait pas lieu à l'appeler personnellement en cause ;
il était dûment représenté par les syndics, et suffisamment appelé en leur personne ; de là, il faudrait nécessairement conclure, si l'article 466 du code de procédure
était applicable ici, que l'intervention du failli ne peut pas
être reçue pour la première fois en cause d'appel.

Mais, je pense que la spécialité de l'article 443 déroge à
la généralité de la règle du Code de procédure civile, car
il parle de tout tribunal devant lequel est engagée une
procédure entre le syndic et un tiers. D'ailleurs, le droit
d'intervention ouvert au failli n'est autre que le droit de
faire déclarer par les tribunaux que les syndics ne représentent pas suffisamment ses intérêts dans telles circonstances données ; notamment qu'il y a contrariété réelle
entre ses intérêts et ceux de la masse, d'où naît pour les
syndics la difficulté de remplir complètement l'un et l'autre
de leurs mandats. Il n'existe aucun motif pour refuser,
dans tous les cas, au failli le droit de provoquer pour la
première fois en cause d'appel cette déclaration que la
prudence des tribuuaux saura n'accorder qu'avec mesure,
et qui souvent est un hommage à la liberté de la défense.
Je formule donc ainsi la pensée du législateur : « En ma-
« tière ordinaire, la règle est que toute personne est libre
« d'intervenir devant le tribunal de première instance, et
« que celui-là seul peut intervenir en cause d'appel qui
« aurait le droit de former tierce-opposition contre l'arrêt ;

« en matière de faillite, au contraire, le failli pour interve-
« nir a toujours besoin de l'autorisation du tribunal, mais
« aussi cette autorisation peut toujours lui être donnée, en
« appel comme en première instance. »

J'arrive à la suspension des voies d'exécution sur la
personne, c'est à dire à la suspension de la contrainte par
corps.

La contrainte par corps n'est pas une peine ; c'est seulement un moyen de rigueur, consistant dans l'emprisonnement, admis pour amener le débiteur à payer et à se
servir pour cela de toutes ses ressources. Or, le failli dessaisi n'a plus la possibilité de payer, et le paiement qu'il
ferait serait radicalement nul, au point que le créancier
serait tenu de rapporter la somme qu'il aurait reçue. La
contrainte par corps serait donc sans objet après le jugement déclaratif de faillite ; le créancier doit s'abstenir
d'une rigueur inutile ; Art. 455. « *Il ne pourra être reçu
contre le failli d'écrou ou recommandation pour aucune espèce de dettes.* »

Toutefois, le débiteur pourra être incarcéré dans l'intérêt général de la masse.

Sous l'ancien Code, la main mise sur la personne était
toujours obligatoire. La loi ordonnait, dans tous les cas,
le dépôt de la personne du failli dans la maison d'arrêt
pour dettes, ou la garde de sa personne par un officier de
police ou de justice, ou par un gendarme. (Code de 1808,
art. 455) ; puis, sur le rapport du juge-commissaire, après
l'apposition des scellés, un sauf-conduit pouvait être ac_
cordé au failli (Art. 466, même Code).

Qu'arrivait-il de ce système ? Dans beaucoup de cas, le
débiteur, excusable ou non, de bonne ou de mauvaise foi,
commençait par se cacher ou par s'enfuir, sauf à ne se
remontrer qu'après l'obtention du sauf-conduit ; de là, des
difficultés graves pour l'administration ; car, la présence

du débiteur n'est jamais plus nécessaire que dans ces premiers jours du désordre qui suit la cessation publique des paiements ; c'est alors que les fraudes et les tentatives de fraude se précipitent et s'accumulent, que les preuves disparaissent, et que le gage des créanciers est le plus compromis.

La loi de 1838 a été plus prévoyante ; en principe, le tribunal, par le jugement qui déclare la faillite, doit ordonner le dépôt du failli dans la maison d'arrêt pour dettes, ou la garde de sa personne par un officier de police, ou de justice, ou par un gendarme ; mais, lorsque le failli ne sera point, au moment de la déclaration, incarcéré pour dettes ou pour autre cause, et lorsque, après avoir déclaré sa faillite au greffe du tribunal de commerce dans les trois jours de la cessation de ses paiements, il y aura en même temps déposé son bilan ou indiqué les motifs qui l'empêchaient de le déposer, le tribunal pourra l'affranchir de cette rigueur. (Art. 455, 456).

La cour de Paris (22 décembre 1847, Dalloz, 48, 2, 3) a jugé que les exemptions de contrainte par corps prononcées par la loi du 17 avril 1832, n'affranchissent pas le failli des mesures prescrites par l'article 455. Ces mesures, dit l'arrêt, ont pour objet, non d'assurer le paiement des dettes du failli au moyen de la contrainte par corps, mais de le placer sous la main de la justice pour le cas où des indices de banqueroute viendraient à s'élever contre lui, et pour empêcher que sa fuite ne prive l'administration de la faillite, des renseignements que lui seul peut être à même de donner.

Du reste, toutes les mesures qui concernent, soit l'emprisonnement du failli, soit sa mise en liberté, sont essentiellement provisoires et révocables tant que dure la procédure de faillite. (Cas. 26 juillet 1853).

Ainsi, la disposition du jugement qui affranchit le failli

du dépôt ou de la garde de sa personne, peut toujours, suivant les circonstances, être ultérieurement rapportée par le tribunal de commerce, même d'office (art. 456, *in fine*) ; ainsi encore, quand le failli a été mis ou maintenu en état d'arrestation, un sauf-conduit provisoire et révocable peut toujours, aux termes des articles 472 et 473, lui être accordé par le tribunal avec ou sans caution.

On a prétendu, en se fondant sur les termes de l'article 456, que, si au moment du jugement déclaratif, le failli était déjà incarcéré pour dettes, à la requête d'un créancier, le tribunal ne pourrait pas plus tard lui accorder un sauf-conduit. Cette opinion est fausse. Tout ce qui résulte de l'article 456, c'est que le tribunal doit, par le jugement déclaratif, maintenir provisoirement le failli en état d'arrestation. La contrainte par corps, disait la cour de Caen, dans un arrêt du 19 février 1859, n'a plus d'objet après le jugement déclaratif de faillite, puisque le failli ne peut faire aucun paiement ; or, si l'on admettait qu'un créancier qui a fait incarcérer son débiteur avant la faillite eût le droit, sans aucun intérêt légitime, de le maintenir en prison et d'empêcher le tribunal de commerce d'accorder un sauf-conduit, il en résulterait cette conséquence désastreuse qu'il dépendrait de lui de causer ainsi quelquefois, par pure méchanceté, un préjudice considérable à la masse des créanciers, s'il s'agissait de quelque grand intérêt pour lequel la mise en liberté provisoire du failli serait indispensable. Ce serait, ajoute le même arrêt, calomnier la loi que de lui donner un pareil sens. » (Dev. Car. 59, 2, 291).

Reste à savoir si des créanciers postérieurs au jugement déclaratif ne pourraient pas exercer la contrainte par corps contre le failli. Je ne le pense pas. Il est de principe que les dettes contractées après le jugement déclaratif, ne peuvent être opposées aux créanciers de la faillite, qu'elles sont censées ne pas exister à leur égard. Dès lors, elles ne peuvent changer les rapports établis entre les créanciers de la faillite et le failli; elles ne peuvent priver le failli d'une liberté qui lui a été accordée bien plus dans l'intérêt de ses créanciers que dans le sien.

SECTION III.

De l'exigibilité des dettes non échues.

Le troisième effet que produit de plein droit pour l'avenir le jugement déclaratif de faillite, est l'exigibilité des dettes non échues :

Art. 444 « *Le jugement déclaratif de faillite rend exigi-* « *bles à l'égard du failli les dettes passives non échues.* »

Lorsqu'on accorde un terme à un débiteur, c'est par confiance dans son crédit, c'est avec la faculté de prendre des garanties par des actes conservatoires, et avec le droit d'exercer des poursuites en cas de non paiement. L'état de faillite arrête tout ; poursuites individuelles et opérations ; il est accompagné de mesures conservatoires, mais dans l'intérêt de la masse ; il proclame comme vérité judiciaire l'anéantissement de la solvabilité et l'impossibilité du crédit. Rien n'est donc plus juste que d'accorder l'exigibilité aux dettes contre le failli, bien que le terme n'en soit pas échu.

L'exigibilité qui résulte de l'évènement de la faillite tend à établir l'égalité entre tous les créanciers. Elle n'autorise pas les créanciers à terme à faire des actes d'exécution, puisque ceux mêmes dont les créances sont échues n'ont pas le droit ; elle leur permet de prendre part aux opérations de la faillite et aux répartitions de dividendes comme si leurs créances étaient échues. Le créancier conditionnel peut bien, lui aussi, par application de l'article 1180 du Code Napoléon, qui lui permet de faire tous actes conservatoires de son droit, prendre part aux opérations de la faillite ; mais, si la condition est encore *in pendenti* lors des répartitions, il ne pourra pas toucher son dividende ; le montant en sera déposé à la caisse des dépôts et consignations, pour être remis à lui-même ou à la masse des créanciers lorsque la condition sera accomplie ou défaillie ; ou bien, comme l'indique Pothier (Traité des oblig. Nᵒˢ 234 et 235) il sera touché provisoirement par les autres créanciers, sauf à eux de fournir caution de le restituer au créancier conditionnel en cas d'arrivée de la condition ; ou bien encore, le créancier conditionnel le touchera, et donnera caution de le rendre avec intérêts dans le cas où la condition viendrait à défaillir.

L'ancien article 448 déclarait cette exigibilité à partir de l'ouverture de la faillite ; et par là, on entendait généralement la cessation des paiements et même le moment où elle avait commencé à germer. Mais, l'exigibilité des dettes ayant pour but de permettre aux créanciers à terme de participer aux opérations de la faillite, et ces opérations ne commençant qu'après le jugement déclaratif, l'exigibilité ne saurait précéder ce jugement. Aussi, l'article 444 actuel dit très-bien : « *Le jugement déclaratif* » C'est donc là un effet, non de la cessation des paiements, mais du jugement déclaratif seul.

Nous l'avons vu, les créanciers privilégiés, hypothécaires ou nantis conservent après le jugement déclaratif de faillite, le droit de faire des actes d'exécution. Ne pourraient-ils pas y procéder en vertu du principe d'exigibilité et sans attendre que le terme de leur créance fût arrivé? Des arrêts ont jugé qu'en effet, ces créanciers étaient compris comme tous les autres dans l'article 444, qui déclare exigibles toutes les dettes passives non échues, et qu'ainsi, aux termes de l'article 571, combiné avec l'article 444, ils avaient le droit de commencer des poursuites en expropriation, sans attendre que leurs créances fussent échues, puisqu'elles étaient dès à présent exigibles. (Cour de Bordeaux, 4 juin 1832. Dalloz, jurisprudence générale, faillite, n° 246 ; — Cass. 10 mai 1809. Sirey. 9, 1, 259. — Cours d'Angers, 15 mai 1861. — Dev. Car., 61, 2, 442). — Pour moi, j'admets bien que, lorsqu'il s'agit d'un débiteur en déconfiture, le créancier hypothécaire peut, avant l'échéance du terme, exercer des poursuites sur l'immeuble hypothéqué, (art. 1148, Code Napoléon), car, dans le cas de déconfiture, il n'y a point d'administrateurs chargés de réaliser l'actif du débiteur. Mais, il me parait impossible d'appliquer ces principes en matière de faillite. Car, si les créanciers privilégiés, hypothécaires ou nantis peuvent faire des poursuites en expropriation après le jugement déclaratif, c'est parce que, en cette qualité, ils sont considérés comme étant en dehors de la faillite et comme restant sous l'empire du droit commun ; or , s'ils sont en dehors de la faillite quant aux poursuites à exercer, comment pourraient-ils s'y trouver compris par rapport à l'exigibilité des dettes? On ne peut tirer d'un même principe deux solutions contradictoires. Ecoutons les considérants d'un arrêt de la cour de Paris du 12 décembre 1861 : « L'exigibilité provenant de la faillite « ne produit pas les mêmes effets que l'échéance ordi- « naire; elle a pour objet. non de donner au créancier à « terme le moyen d'exercer individuellement une action « contre le failli ou son syndic, afin de se faire attribuer « à l'exclusion des autres créanciers , et par préférence « la partie de l'actif nécessaire au paiement intégral de sa « créance; mais uniquement de l'appeler à concourir aux « opérations de la faillite , à y produire, à s'y faire ad- « mettre, et à prendre part aux répartitions comme si « sa créance était échue; en vertu des articles 1188 et « 444, le créancier privilégié ne peut user de l'exigibilité ,

« qui prend sa source dans la faillite, qu'en se soumettant
« à la loi commune à tous les créanciers ordinaires, c'est-
« à-dire par la voie du concours à la distribution et en
« subissant le sort et les réductions que subissent les
« autres créances. » (Dev.-Car., 62, 2, 49).

Les créanciers hypothécaires, privilégiés ou nantis,
devront donc attendre que le terme de leur créance soit
arrivé; et, c'est seulement après que le bien affecté à la
garantie de leur créance aura été vendu par les soins des
syndics qu'ils pourront invoquer le bénéfice des articles
1188 du Code Napoléon et 444 du Code de commerce.

Une autre question se présente. L'exigibilité des dettes
établie par l'article 444, Code de commerce, autorise-t-elle
des compensations ? Evidemment, si un commerçant, avant
d'avoir été déclaré en faillite, et même après avoir cessé
ses paiements, s'était trouvé envers un tiers à la fois
débiteur et créancier, pour sommes liquides et exigibles,
la compensation légale se serait opérée, puisqu'elle a lieu
de plein droit. (Articles 1290 et 1291.) Mais, supposons
qu'un créancier, à qui il est dû vingt mille francs par
le failli, lui doive de son côté une somme égale : si les
vingt mille francs qu'il doit au failli sont échus, quand
même ceux qui lui sont dus par le failli ne seraient pas
échus, comme le jugement déclaratif les rend exigibles,
ne serait-il pas en droit de dire : « Il y a compensation
entre ce que je dois au failli et ce qui m'est dû par lui :
je suis donc quitte envers la faillite, et elle est quitte
envers moi » Non, il ne le pourra pas.

En effet, il doit bien au failli une somme de vingt mille
francs, mais la faillite ne lui doit qu'un simple dividende
corrélatif à sa créance; dividende dont le chiffre est incertain, et qui n'est pas exigible. Il n'y a donc pas de compensation possible, puisque, nous avons d'un côté, une
dette proprement dite , et de l'autre, un simple droit à un

dividende. Une telle compensation serait d'ailleurs une violation du principe qui, au moment de la faillite, fixe invariablement les droits des créanciers en l'état où ils existent à ce moment. Par les mêmes motifs, celui qui a contre le failli une créance échue au moment de la faillite, et qui est son débiteur pour une dette non échue, ne peut pas, en renonçant au bénéfice du terme, éteindre sa dette en la compensant avec sa créance. Sa créance est réductible comme toutes les autres ; sa dette sera, à son échéance, payable intégralement à la masse. (Cass., 9 juillet 1860. Dev. Car. 60, 1, 696.)

On a voulu à tort tirer de ces principes une dérogation, en cas de faillite aux règles ordinaires des comptes-courants, à raison de la série des compensations qui s'y opèrent.

Un compte-courant est l'exécution d'une convention en vertu de laquelle deux personnes se remettent respectivement la propriété d'effets ou valeurs dont le montant est, au moment de leur remise, porté au crédit de celui qui les remet, et au débit de celui qui les reçoit ; crédit et débit essentiellement provisoires tant que le compte dure ; en telle sorte que c'est l'établissement de la balance finale lors de la clôture du compte, qui seul indique pour quelle somme chacun reste définitivement débiteur ou créancier. Je suppose qu'il y a compte-courant entre Primus et Secundus. Primus a remis à Secundus des effets de commerce, que Secundus a portés pour leur valeur nominale au crédit de Primus. Primus est déclaré en faillite, et je suppose qu'à ce moment il ait cinq mille francs à son crédit et trois mille francs seulement à son débit? Les syndics de sa faillite pourront-ils demander à Secundus la différence, deux mille francs ? Non, dans les cinq mille francs portés au crédit de Primus, figure pour sa valeur nominale un effet de cinq mille francs qui n'est pas échu

au moment du jugement qui a déclaré la faillite du cré-
dité ; si Secundus n'encaisse pas cet effet, il a le droit de
faire un *contre-passation d'écriture*, c'est-à-dire de porter
au débit de Primus les cinq mille francs portés d'abord à
son crédit; et ainsi, la faillite ne peut lui réclamer que
quinze cents francs. Une véritable compensation se sera
opérée depuis le jugement déclaratif de faillite. Ce cas est
souvent prévu dans le contrat qui règle le compte-courant.
En l'absence de stipulation à cet égard, la jurisprudence
a décidé que la contre-passation pourra également se faire;
qu'elle ne sera pas empêchée même par un endossement
régulier de l'effet passé au profit du créditeur, et que l'é-
vènement de la faillite ne change en rien la situation.
(Arr. requête Cas. 25 juin 1852, Dev. Car. 62. 1. 975).

L'exigibilité produite par le jugement déclaratif ne peut
avoir aucun effet quant aux débiteurs du failli, car ils
ne peuvent être responsables d'un fait auquel ils sont
étrangers. Que si l'on veut arriver immédiatement à la
réalisation et à la répartition de l'actif, on transigera sur
les créances litigieuses (Art. 487), on vendra moyennant
paiement immédiat des prix de cession, les créances à
terme ou conditionnelles. (Art. 570).

L'ancien article 448 disait, en termes absolus, que la
faillite rend exigibles les dettes passives non échues.
Aussi, la question s'était-elle élevée, sous l'empire du Code
de 1808, de savoir si la faillite d'un seul des coobligés ne
fait pas perdre à tous le bénéfice du terme. Un arrêt de la
Cour de Bordeaux, en date du 6 janvier 1836, s'était prononcé dans le sens de l'affirmative. (Dalloz, *Jurisprudence
générale, Faillite,* n° 257.) Cette doctrine était contraire
aux principes; car un débiteur qui est demeuré solvable
ne peut pas sans son fait être obligé à plus que ce à
quoi il a bien voulu s'obliger; la faillite de ses codébiteurs étant le fait de ses codébiteurs et non le sien,

ne peut lui préjudicier : *Nemo ex alterius facto præ-gravari debet.* Si les garanties des créanciers se trouvent diminuées par la faillite de l'un des coobligés , il ne suit pas de là que les autres coobligés doivent être , sans aucune faute de leur part contraints à faire face sans délai à des engagements dont le terme n'était point arrivé. Tout se tient dans les opérations d'un commerçant ; ses paiements sont calculés sur les rentrées ; devancer les échéances attendues, c'est porter le boule-versement dans les prévisions les plus raisonnablement combinées ; c'est paralyser dans les mains du commerçant les ressources qu'on l'oblige de tenir en réserve, tandis qu'il pourrait les employer à augmenter ses valeurs en circulation; c'est nuire à l'essor du crédit; c'est exposer à des désastres les hommes les plus prudents et les plus hon-nêtes. Le législateur de 1838 a donc agi avec sagesse en exprimant dans l'article 444 que, par le jugement décla-ratif, les dettes passives deviennent exigibles A L'ÉGARD DU FAILLI , c'est-à-dire à l'égard de sa masse ou de sa faillite, mais non à l'égard de ses coobligés.

Partant de cette théorie, il faut tenir pour constant que la faillite d'un ou de plusieurs obligés solidaires n'em-pêche pas les autres de conserver le bénéfice du terme ; et, cette doctrine est d'autant plus certaine que rien ne s'oppose à ce que les différentes personnes qui s'obligent solidairement déclarent dès le principe s'obliger sous des modabilités diverses (article 1201, Code Napoléon).

De même, si le débiteur principal est en faillite, la cau-tion ne peut pas pour cela être forcée de payer avant l'échéance du terme, lequel subsiste à son égard dans toute son intégrité. Je me hâte d'ajouter que cette caution peut, dès à présent, en vertu de l'article 2032, Code Napoléon, même avant d'avoir payé, se présenter dans la faillite du débiteur qu'il a cautionné, et exercer le recours que lui donne l'article 2028 du même Code. Et, en effet, il est dès à présent certain que c'est elle qui devra payer la dette; d'où son recours n'est plus qu'une créance à terme, laquelle devient exigible par application de l'article 444 du Code Napoléon.

Renversons l'hypothèse : le débiteur principal reste solvable, la caution tombe en faillite. Le créancier ne pourra-t-il pas dire du débiteur : « Un cautionnement sûr, solide et efficace était la condition essentielle du crédit que je vous avais accordé; or, la caution que vous m'avez donnée étant en faillite, c'est comme si elle n'existait pas; payez-moi donc immédiatement; car vous ne pouvez jouir d'un terme dont la cause a cessé ». Ce raisonnement est juste; mais il est encore plus équitable que le débiteur puisse en paralyser l'effet en remettant le créancier dans la position qu'il avait au moment du contrat, c'est-à-dire en lui donnant une autre caution. Aussi, l'article 2020 du Code Napoléon décide que :

« *Lorsque la caution reçue par le créancier, volontairement ou en justice, est ensuite devenue insolvable, il doit en être donnée une autre. Cette règle reçoit exception dans le cas seulement où la caution n'a été donnée qu'en vertu d'une convention par laquelle le créancier a exigé telle personne pour caution.* »

Appliquons ces principes à la lettre de change et au billet à ordre; nous y trouverons l'explication du deuxième alinéa de l'article 444 du Code de commerce, dont voici le texte :

« *En cas de faillite du souscripteur d'un billet à ordre,*
« *de l'accepteur d'une lettre de change, ou du tireur à dé-*
« *faut d'acceptation, les autres obligés seront tenus de*
« *donner caution pour le paiement à l'échéance, s'ils*
« *n'aiment mieux payer immédiatement.* »

§ 1. — *Lettre de change.*

A. C'est le tiré qui a fait faillite.

Et d'abord, supposons que la lettre de change ne soit pas acceptée au moment de la faillite du tiré. Nous savons que le tireur et les endosseurs contractent envers le porteur, non pas seulement l'obligation de lui procurer le paiement à l'échéance, mais encore celle de lui fournir l'acceptation avant cette échéance. (Art. 118, Code commercial.) Quand le tiré refuse d'accepter, les endosseurs et le tireur sont respectivement tenus, aux termes de l'art. 120 du Code de commerce, de donner caution pour assurer le paiement de la lettre de change à son échéance, ou d'en effectuer le remboursement immédiatement. Or, voici que le tiré est en faillite, il ne peut plus accepter puisqu'il et frappé de dessaisissement; dès lors, le porteur se trouve dans la même situation que s'il avait éprouvé un refus d'acceptation, et partant, il a le droit de dire au tireur et aux endosseurs: « Donnez-moi une caution ou payez-moi immédiatement. » Ce cas n'avait nul besoin d'être prévu au titre de la faillite; il résultait par analogie de l'article 120; aussi, le deuxième alinéa de l'article 444 y est-il complètement étranger.

Supposons maintenant que le tiré au moment de sa faillite ait déjà accepté la lettre de change. Cette acceptation subsiste, il est vrai, malgré la faillite de celui qui l'a faite, et le porteur pourra s'en prévaloir vis-à-vis de la masse; mais elle n'est plus une garantie d'exactitude et de ponctualité dans le paiement à l'échéance; car, après un jugement déclaratif, on ne parle plus de paiements; mais seulement de dividendes. La garantie que l'acceptation offre au porteur n'est donc plus celle que les parties avaient en vue; elle est incomplète, et il peut en exiger un autre ; complète et entière, je veux dire une caution.

« Le porteur et les endosseurs seront tenus de donner cau-
tion s'ils n'aiment mieux payer immédiatement. »

B. C'est le tireur qui a fait faillite.

En principe pur, le porteur serait fondé à dire aux endosseurs : « Vous m'avez cédé avec la lettre de change,
la signature du tireur ; or, cette signature ne vaut plus
rien puisque le tireur est en faillite ; remplacez-la donc
par une autre, donnez-moi donc caution. » C'est en ce
sens que la question était résolue par le Code de commerce de 1808, (voir ancien article 448, deuxième alinéa).
Mais, en 1838, on a décidé que le porteur ne pourrait
demander caution aux endosseurs à raison de la faillite
du tireur, qu'autant que la lettre de change ne serait pas
acceptée. *« En cas de faillite du tireur, à défaut d'accep-*
« tation, les autres obligés seront tenus de donner caution s'ils
« n'aiment mieux payer immédiatement.

Le législateur n'a pas voulu multiplier les cautions,
qu'il voit de mauvais œil ; le porteur, d'ailleurs, a déjà la
garantie du tiré accepteur, il peut sans danger attendre
l'échéance avant d'exercer aucun recours.

C. C'est un endosseur qui est tombé en faillite.

Voici comment s'exprimait l'ancien Code de commerce :

« A l'égard des effets de commerce par lesquels le failli
« se trouvera être l'un des obligés, les autres obligés ne seront
« tenus que de donner caution pour le paiement à l'éché-
« ance, s'ils n'aiment mieux payer immédiatement. »

De cette disposition, il résultait que les endosseurs postérieurs au failli, qui ont cédé la lettre de change sur
laquelle se trouvait la signature du failli, et par conséquent
cédé cette signature elle-même, étaient tenus de donner
caution. Mais, en 1838, le législateur conçut une prévention
contre ce droit de demander caution ; il craignit qu'il ne
devînt abusif ; et il le supprima complètement pour le cas

de faillite d'un endosseur. En effet, l'article 444 ne parle que de la faillite de l'accepteur et de celle du tireur à défaut d'acceptation et nullement de celle d'un ou de plusieurs endosseurs. Ainsi donc, quand un endosseur a fait faillite, le porteur n'a actuellement aucune prétention à élever.

§ 2. — *Billet à ordre.*

On assimile complètement la faillite du souscripteur d'un billet à ordre et la faillite de l'accepteur d'une lettre de change. « *Les endosseurs du billet à ordre, doivent, en cas de* « *faillite du souscripteur, fournir caution pour le paiement* « *à l'échéance, s'ils n'aiment mieux payer immédiatement.* » (Art. 444, Code de commerce).

En effet, quand ils ont cédé le titre, la signature du souscripteur s'y trouvait, dès lors, ils ont, en même temps que le titre, cédé et garanti cette signature.

Quant à la faillite de l'un des endosseurs du billet à ordre, la loi est muette sur ce point ; les raisons de décider étant les mêmes, nous l'assimilerons au cas de faillite d'un endosseur de lettre de change ; et nous refuserons au porteur le droit d'exercer actuellement aucun recours ; toutefois, il faut avouer qu'il est irrationnel et inconséquent de ne pas astreindre les endosseurs, soit d'une lettre de change, soit d'un billet à ordre, à donner caution en cas de faillite d'un endosseur antérieur à eux ; car, ils ont cédé sa signature, et, partant, ils devraient en être garants.

Un dernier mot sur l'exigibilité des dettes, produite par le jugement déclaratif de faillite. Dans la discussion qui précéda la rédaction de la loi du 28 mai 1838, on avait proposé d'ajouter au premier alinéa de l'article 444, ces mots : « Sous la déduction des intérêts restant à courir, calculés « au taux légal. » On reconnut que cet amendement était dicté par un sentiment d'équité ; mais qu'il pouvait facilement dépasser son but; si, en effet, les créances échues, et portant intérêt, perdent ces intérêts arrêtés par la faillite, elles figurent au moins dans la masse pour l'intégralité de leur capital nominal : au contraire, la déduction d'intérêts que l'on ferait subir aux créances non échûes amoindrirait le capital utile, celui qui donne droit à un dividende. La proposition fut donc rejetée. Beaucoup de législations étrangères, notamment le code Espagnol, le code de Hollande, le droit Anglais, le code de Wurfemberg, et la loi Belge, font subir une réduction au créancier à terme en échange de l'exigibilité anticipée de sa créance; il faut en convenir, cette réduction, restreinte dans de sages limites, est plus conforme à l'équité que la solution trop absolue qui a prévalu dans notre droit.

SECTION IV.

De la suspension du cours des intérêts.

J'arrive à un autre effet produit de plein droit par le jugement déclaratif de faillite : la suspension du cours des intérêts.

Article 445. *« Le jugement déclaratif de faillite arrête, à « l'égard de la masse seulement, le cours des intérêts de « toute créance non garantie par un privilége, par un nan- « tissement, ou par une hypothèque.*

« Les intérêts des créances garanties ne pourront être « réclamés que sur les sommes provenant des biens affectés « au privilége, à l'hypothèque ou au nantissement. »

Le but principal que poursuit la loi en matière de faillite, c'est que la condition de tous les créanciers soit la même à partir du jugement déclaratif; de là, le principe d'exigibilité que nous avons étudié; de là aussi le principe que les intérêts ne courent plus pour personne. (Article 445.) Cet article ne se trouvait ni dans le Code de

1808, ni dans le projet primitif de la loi de 1838 ; mais la jurisprudence avait suppléé cette disposition. C'est la première commission de la Chambre des Députés qui proposa de formuler dans le texte de la loi le premier paragraphe du nouvel article 445.

Il résulte du texte que le cours des intérêts, arrêté à l'égard de la masse, n'est nullement suspendu par rapport au failli, qui devra les acquitter jusqu'au paiement du capital, s'il veut obtenir sa réhabilitation. (Article 604, Code de commerce.) Du reste, pour faire courir contre le failli des intérêts moratoires, il faudra le mettre en demeure ; l'article 1153 du Code Napoléon est toujours applicable, quoique le débiteur soit en faillite.

Les intérêts, du reste, continuent à avoir leur cours, même après la cessation des paiements, jusqu'à la survenance du jugement déclaratif. (Article 445.) Le créancier pourra ajouter au capital de sa créance les intérêts courus jusqu'au jour de ce jugement.

Plusieurs questions se présentent.

Un commerçant se trouvant, au premier janvier, débiteur d'une somme de mille francs, souscrit à son créancier un billet de mille soixante francs payable dans un an : le montant du billet se compose, on le voit, du capital originaire et de l'intérêt pour un an. Le débiteur est déclaré en faillite avant l'échéance du billet ; le terme est donc anéanti ; mais, par application du principe de la suspension du cours des intérêts, réduirons-nous le chiffre de la créance en proportion du temps qui reste à courir depuis le jour du jugement déclaratif jusqu'à celui de l'échéance ? Un amendement avait été proposé en ce sens lors de le première discussion ; cet amendement ayant été rejeté, il n'y a lieu de faire subir au porteur aucune réduction. Et, cette décision est raisonnable toutes les fois que dans le billet on ne distingue pas les intérêts à courir

et le capital dû au moment où le billet est souscrit ; pour
les tiers à qui un pareil titre est négocié, évidemment le
montant du titre n'est autre chose qu'un capital, et il
serait évidemment inique de les soumettre à une ventila-
tion qu'ils n'ont pas pu prévoir.

Un commerçant étant déclaré en faillite le premier
mars, un créancier se présente avec une facture datée du
premier février, et se montant à la somme de mille francs;
mais, dans cette facture, il est dit qu'il sera accordé à
l'acheteur un escompte de 5 p. % en cas de paiement dans
les trois mois. Le créancier peut-il se présenter pour
mille francs, ou seulement pour neuf cent cinquante? Je
crois qu'il pourra se présenter pour mille. En effet, nous
avons une dette de mille francs que le créancier consent
à tenir pour soldée si on lui paye neuf cent cinquante dans
les trois mois; or, cette condition est-elle accomplie par
le jugement déclaratif de faillite? Evidemment non. Une
déclaration de faillite n'est pas un paiement, et quand
même un dividende serait payé dans les trois mois au
créancier, cela ne constituerait pas un accomplissement
de la condition, car il est de principe que les conditions
ne peuvent s'accomplir pour partie.

Enfin, est-il possible d'appliquer le principe de notre
article 445, lorsque le failli doit à Paul des intérêts et
rien que des intérêts? Par exemple, le failli est débiteur
d'une rente viagère; dont les arrérages ont été payés régulièrement jusqu'au jour du jugement déclaratif; ou bien
encore, Pierre étant débiteur d'une somme avec intérêts
à 5 p. % par an, le failli s'est obligé solidairement avec
Pierre au paiement des intérêts, entendant, du reste, rester étranger à la dette du capital. Dans les cas de ce
genre, est-ce que le droit de Paul contre le débiteur de la
rente viagère, contre l'individu qui lui a garantie solidairement le paiement des intérêts, se trouve purement et

simplement éteint à partir du jugement déclaratif? Je ne saurais le croire. Au point de vue de celui qui vient d'être déclaré en faillite ; les arrérages de la rente viagère, les intérêts qu'il s'était engagé à payer, constituaient un véritable capital. Or, ce qui est vrai à son point de vue doit l'être également à l'égard de sa faillite ; par conséquent le principe de l'article 445 ne peut être invoqué ici pour exclure Paul en ce qui concerne les échéances postérieures au jugement déclaratif. La difficulté est de déterminer le chiffre pour lequel Paul pourra se présenter. On ne peut le faire que très-approximativement. Le juge appréciera suivant les probabilités , quelle est la valeur actuelle et totale du droit que Paul devait exercer dans l'avenir et à diverses reprises ; et, c'est en proportion de la valeur ainsi calculée que se trouvera fixé son dividende Ce dividende, du reste, lui sera remis de suite et en bloc.

Nous avons vu que les créanciers hypothécaires, privilégiés ou nantis, sont en dehors de la masse en ce qui concerne les poursuites sur les biens du failli, qu'ils conservent le droit d'exercer. Ils sont également en dehors de la faillite en ce qui concerne la suspension du cours des intérêts : ils conservent le droit de réclamer ces intérêts, même pour le temps postérieur au jugement déclaratif de faillite ; seulement, ils ne pourront se les faire payer que sur les sommes provenant des biens affectés au privilége, à l'hypothèque ou au nantissement. Et encore, les créanciers hypothécaires ou privilégiés ne pourront se faire payer ainsi que des intérêts conservés par une inscription, conformément à l'article 2151 du code Napoléon.

« 2151. *Le créancier inscrit pour un capital produisant intérêt ou arrérage a droit d'être colloqué, pour deux années seulement et pour l'année courante, au même rang d'hypothèque que pour son capital; sans préjudice des inscriptions particulières à prendre, portant hypothèque à compter de leur date, pour les arrérages autres que ceux conservés par la première inscription.* »

Bien que cet article ne parle textuellement que de l'hypothèque, la même disposition doit être appliquée au cas de privilége non dispensé d'une inscription. Les motifs qui ont fait restreindre l'effet de l'inscription à deux années et à l'année courante sont les mêmes, soit qu'il s'agisse d'un privilége ou d'une hypothèque. Le créancier nanti n'est soumis à aucune formalité particulière ; il peut se faire payer sur les sommes provenant du gage, de tous les intérêts qui lui sont dus.

Je suppose qu'il est dû à un créancier privilégié, hypothécaire ou nanti, vingt mille francs de capital, plus, deux mille francs d'intérêts qui ont couru depuis le jugement déclaratif ; la somme provenant du bien affecté au privilége, à l'hypothèque ou au nantissement, n'est que de quinze mille francs. Que devrons-nous imputer sur cette somme ? D'après l'article 1254 du code Napoléon, il faudrait dire que le créancier a le droit d'imputer d'abord les deux mille francs d'intérêts, puis une partie du capital, treize mille francs, sauf à venir pour l'autre partie, sept mille francs, au marc le franc dans la masse chirographaire. Mais, de cette manière, les biens du failli non affectés à l'hypothèque, au privilége ou au gage serviraient indirectement au paiement d'un dividende corrélatif aux deux mille francs d'intérêts courus depuis le jugement déclaratif, et, par conséquent, il y aurait violation de l'article 445, qui virtuellement a dérogé à l'article 1254 du Code Napoléon. Le créancier viendra à la masse chirographaire pour cinq mille francs seulement, et non pas pour sept mille francs. (Cour de Lyon, arrêt du 30 août 1861, Dev.-Car. 62, 2, 126).

SECTION V.

Nullité des inscriptions prises après le jugement déclaratif de faillite.

Cette matière est régie par les articles 2146 du Code Napoléon et 448 du Code de Commerce, dont voici les textes :

2146.... « *Les inscriptions ne produisent aucun effet si elles sont prises dans le délai pendant lequel les actes faits avant l'ouverture des faillites sont déclarés nuls.* »

448... *Les droits d'hypothèque et de privilége valablement acquis pourront être inscrits jusqu'au jour du jugement déclaratif de faillite.*

Après le jugement déclaratif, le failli, par suite du dessaisissement dont il est frappé, ne peut plus consentir au profit de ses créanciers aucune cause de préférences ; ensuite, nous verrons dans la seconde partie de notre travail que les actes, desquels résultent des hypothèques et priviléges, sont nuls relativement à la masse dans certains cas prévus par l'article 446, et qu'ils sont annulables dans le cas de l'article 447.

Evidemment, lorsque la constitution même du privilége ou de l'hypothèque n'est pas valable, l'inscription, qui en est la garantie, ne saurait produire aucun effet, car *accessorium sequitur principale.*

Mais, quand bien même cette constitution aurait eu lieu avant le jugement qui a déclaré la faillite, quand même elle ne serait frappée d'aucune cause de nullité ou d'annulabilité, il résulte de l'article 448 que l'inscription qui conserve ces droits ne peut être valablement prise après le jugement déclaratif de faillite. (Argument à contrario). En sorte que ces droits eux-mêmes deviennent inutiles. La loi a voulu que le sort des créanciers fût irrévocablement fixé par la déclaration de faillite du débiteur ; les choses doivent se passer entre eux de la même manière que si l'ordre avait pu avoir lieu au moment même du prononcé du jugement.

La disposition de l'article 448 date de la loi de 1838. La législation antérieure était aussi rigoureuse pour l'inscription que pour la constitution des hypothèques ou des priviléges ; elle annulait de plein droit toute inscription prise dans les dix jours qui précédaient l'ouverture de la faillite c'est-à-dire la cessation des paiements (comp. l'art. 2146. C. N. et l'article 443, ancien Code de Commerce.) Ce système avait un grave inconvénient, celui de sacrifier l'intérêt des créanciers hypothécaires ou privilégiés à celui des tiers : car le créancier, quelle que fût sa bonne foi, quelque diligence qu'il fît, pouvait se trouver dans l'impossibilité de profiter d'une hypothèque valable, parce qu'il n'avait pu la faire inscrire que dans les dix jours avant la cessation des paiements. Il y avait là une sorte d'inconséquence : car, en même temps qu'on reconnaissait la validité de son privilége ou de son hypothèque, on lui en retirait tout le bénéfice pour n'avoir pas rempli une simple formalité, alors même qu'il n'avait pas dépendu de lui de la remplir plus tôt. Il y avait donc une réforme à faire ; et, par une innovation heureuse, les auteurs de la loi de 1838 ont permis aux créanciers qui ont un droit de privilége ou d'hypothèque valable en lui-même, de l'inscrire jusqu'au jour du jugement déclaratif. On ne pouvait étendre cette faculté au-delà, parce que les principes du dessaisissement s'y opposaient. Nous aurons, du reste, occasion de voir que, si l'inscription avait été retardée de manière à laisser au failli un crédit apparent qui pouvait tromper les tiers, et l'aider à prolonger son agonie, cette inscription serait annulée (2° alinéa de l'art. 448).

Nous avons maintenant à étudier les exceptions que comporte notre principe.

I. Et d'abord, il est évident qu'il ne peut pas s'appliquer aux priviléges ou hypothèques qui sont dispensés d'inscription. Ce point n'a pas besoin de commentaire.

II. Une deuxième exception a rapport à l'inscription que les syndics sont tenus, aux termes de l'article 490 du Code de Commerce, de prendre au nom de la masse sur les immeubles du failli dont ils connaissent l'existence. Quelle est l'utilité de cette inscription? Elle ne donne ni le droit de préférence, puisqu'elle est prise au nom de la masse et ne peut dès lors faire passer avant les autres aucun de ceux qui y sont compris: ni le droit de suite, car le débiteur étant dessaisi, ne peut consentir aucune aliénation, et celles qui sont faites par les syndics excluent par un autre motif le droit de suite, par ce motif que c'est la masse elle-même qui vend, et que dès lors elle ne peut évincer les acquéreurs. Cependant, la jurisprudence la plus récente attribue au droit dont il s'agit le caractère d'une véritable hypothèque. Ainsi, il a été jugé que les créanciers et légataires d'un défunt qui n'ont pas pris inscription dans les six mois conformément à l'article 2111 du Code Napoléon, sont primés sur les immeubles de la succession par les créanciers de l'héritier failli, si le syndic s'est inscrit avant eux, ou, en d'autres termes, que l'inscription prise en vertu de notre article 490 paralysera l'inscription prise en vertu de l'article 2113 du Code Napoléon.

L'article 517 dit que l'homologation du concordat conserve à chacun des créanciers sur les immeubles du failli l'hypothèque inscrite en vertu de l'article 490. C'est là une garantie de l'exécution du concordat. On comprend, en effet, que les créanciers qui étaient nantis de l'actif, qui étaient en possession des immeubles, n'ont pas entendu que ces biens puissent être affectés à de nouveaux créanciers ou transmis à des tiers-acquéreurs avant l'ac-

complissement des conditions, sous lesquelles ils ont
entendu les rendre au failli. Etendant cette disposition,
la cour de Dijon a jugé que, l'union étant dissoute, l'inscription prise en vertu de notre article 490, dispensera
les différents créanciers de la nécessité d'obtenir jugement et de prendre chacun une inscription nouvelle sur
les biens présents et à venir du débiteur. Ainsi jugé par
la cour de Dijon, 5 août 1862. (Dev. Car. 62. 2. 544.)

Enfin, nous savons que certaines actions peuvent être
intentées contre le failli en personne et non contre les
syndics. Supposons qu'une action de ce genre ait été intentée, et que le demandeur ait obtenu condamnation, il
acquiert une hypothèque judiciaire sur les biens présents
et à venir du failli ; mais, il sera primé par la masse de la
faillite si l'inscription prescrite par l'article 490 a déjà été
prise quand lui-même vient s'inscrire.

III. La prohibition de l'article 448 ne s'étend pas aux
inscriptions prises, après la faillite, pour la conservation
des intérêts d'une créance hypothécaire inscrite avant la
faillite. C'est ce que décide l'arrêt suivant rendu par la
chambre civile de la Cour de cassation le 20 février 1850 :
« Attendu qu'aux termes de l'article 2151 du Code civil,
« le créancier inscrit pour un capital produisant intérêts
« ou arrérages peut prendre des inscriptions particulières
« portant hypothèque, à compter de leur date, pour les
« arrérages autres que ceux conservés par la première
« inscription ; que la faillite du débiteur, survenue depuis
« la première inscription, ne porte aucune atteinte au
« droit reconnu à cet égard par la loi au créancier inscrit ;
« qu'en effet, il résulte de l'article 445 du Code de com-
« merce que les intérêts d'une créance garantie par une
« hypothèque continuent à courir, même à l'égard de la
« masse, postérieurement au jugement déclaratif de la
« faillite, et que ces intérêts ne peuvent être réclamés que

« sur les sommes provenant des biens affectés à l'hypo-
« thèque ; d'où il suit que, dans la pensée de la loi, les
« intérêts courus depuis la déclaration de la faillite,
« peuvent être conservés par une inscription particulière
« conformément à l'article 2151, auquel, en matière de
« faillite, il n'est nullement dérogé ; que si l'article 448
« ne permet d'inscrire que jusqu'au jour du jugement dé-
« claratif de la faillite les droits d'hypothèque et de pri-
« vilége valablement acquis, cette disposition ne s'appli-
« que qu'aux créances principales, constituant un droit
« nouveau, et ne concerne nullement les intérêts des
« créances précédemment inscrites , qui n'en sont que
« l'accessoire et la conséquence. »

IV. Une inscription peut encore être utilement faite
après le jugement déclaratif de faillite, quand elle a pour
effet, non de donner au créancier un droit nouveau, mais
seulement de conserver celui qu'il avait déjà utilement
acquis et conservé. En effet, si la loi n'a pas voulu qu'un
créancier pût, après la déclaration de faillite, changer sa
position au préjudice des autres ; elle ne lui a pas défendu
de conserver celle qu'il avait antérieurement. Ainsi, il
faut admettre sans difficulté que, s'il s'agissait d'un renouvellement d'inscription fait conformément à l'article
2154 du Code Napoléon, ce renouvellement serait possible ; bien plus, non seulement le créancier hypothécaire
ou privilégié peut opérer un renouvellement d'inscription,
mais encore il a grand intérêt à le faire, attendu que,
s'il avait laissé passer dix ans sans renouveler, il aurait
perdu le bénéfice de son inscription primitive, et il ne
pourrait même plus en prendre utilement une nouvelle.

Il en est de même pour l'inscription dont parle l'article
8 de la loi du 23 mars 1855,

Aux termes de cet article, *la veuve, le mineur devenu
majeur, l'interdit relevé de l'interdiction, leurs héritiers ou*

ayant cause, doivent prendre inscription dans l'année qui suit la fin de la tutelle ou la dissolution du mariage, à l'effet de conserver à leur hypothèque légale le rang qne lui assigne l'article 2135 du Code Napoléon. Or, l'inscription dont il s'agit sera valablement prise même après le jugement déclaratif de faillite; en effet, puisque l'hypothèque légale de la femme mariée sur les biens de son mari, et celle du mineur ou de l'interdit sur les biens du tuteur sont dispensées d'inscription, la personne à qui appartient l'une ou l'autre de ces hypothèques est exactement dans la même position qu'un créancier qui se serait inscrit, mais de qui l'inscription, pour ne pas tomber en péremption, aurait besoin d'être renouvelée avant l'expiration de l'année qui suit la fin de la tutelle ou la dissolution de son mariage.

V. Il faudrait maintenir, même à l'égard des créanciers antérieurs au jugement déclaratif, les inscriptions de privilége et d'hypothèque garantissant le paiement des obligations considérées comme condition ou charge des acquisitions postérieures à la faillite. Ainsi, par exemple, le failli acquiert-il une succession chargée de legs? les légataires peuvent prendre sur les biens héréditaires une inscription d'hypothèque légale qui sera apposable à tous les créanciers du failli. Partage-t-il cette succession? ses copartageants pourront utilement inscrire leur privilége pour la garantie des soultes au retour des lots : « *Bona non intelliguntur nisi deducto œre alieno.* »

VI. L'article 448 ne paraît pas non plus pouvoir être appliqué à la séparation des patrimoines.

Une succession est ouverte au profit d'un commerçant, dont les affaires ne prospèrent pas.

D'après l'article 2111 du Code Napoléon, les créanciers et légataires qui demandent la séparation des patrimoines du défunt et de l'héritier, conformément à l'article 878 conservent, à l'égard des créanciers des héritiers ou représentants du défunt, leur privilége sur les immeubles de la succession par les inscriptions prises sur chacun de ces immeubles dans le délai de six mois à compter de l'ouverture de la succession. Avant l'expiration de ce délai de six mois pendant lesquels aucune hypothèque ne peut être établie à l'encontre des créanciers et légataires du De Cujus, l'héritier est déclaré en faillite. Dirons-nous que, la faillite une fois déclarée, les créanciers et légataires ne pourront plus s'inscrire utilement? Non; l'article 448 ne leur est pas applicable; car l'inscription que prennent les créanciers et légataires ne peut être réellement considérée comme conservant un véritable privilége; la séparation des patrimoines est un droit de préférence *sui generis* qui échappe aux déchéances édictées par l'article 448 contre les priviléges proprement dits.

Si l'héritier est déjà en faillite lorsque la succession lui arrive, aucune difficulté ne peut s'élever. En effet, un héritier ne peut prendre les biens de son auteur qu'à la charge d'en payer les dettes, et l'héritier, par l'acceptation bénéficiaire, refusant de payer lui-même les dettes du De Cujus, renonce à toucher l'actif jusqu'à ce que tous les créanciers de la succession soient désintéressés. Or, après le jugement déclaratif de faillite, le passif du failli est irrévocablement fixé, et rien ne peut l'augmenter. Les syndics ne pourront donc accepter la succession échue au failli que sous bénéfice d'inventaire, et les créanciers de la succession n'ont pas dans ce cas besoin de demander et de faire inscrire la séparation des patrimoines, puisqu'elle a lieu de plein droit,

Maintenant, le principe de l'article 448 devra être appliqué à tous autres droits d'hypothèque ou de privilége; il faut le dire, sous peine de méconnaître le texte formel de la loi.

Cependant, de grandes difficultés surgissent.

Et d'abord, l'article 448 s'applique-t-il au privilége du vendeur?

Avant de répondre à cette question, il ne sera pas inutile d'entrer dans quelques détails sur la cause et le mode de conservation de ce privilége.

Celui qui vend un immeuble consent volontiers à le transmettre à l'acquéreur et à le faire entrer dans son patrimoine, mais avec cette réserve que l'immeuble répondra d'une manière spéciale du paiement du prix. Si l'acheteur ne paie pas la valeur convenue, le vendeur pourra procéder à la saisie de l'immeuble, le faire vendre et toucher sur le prix de l'adjudication, la somme qui lui est due par préférence à tous les autres créanciers du saisi, même à ceux qui avaient une hypothèque générale sur les biens de ce dernier au moment de la vente. Les créanciers hypothécaires, même antérieurs à la vente, ne peuvent pas se plaindre de se voir préférer le vendeur; nous avons dit, en effet, que le vendeur, en faisant passer son immeuble dans le patrimoine de l'acquéreur, mettait une réserve à son consentement; il retenait un privilége sur cet immeuble; et, sans la rétention de ce privilége, il n'aurait pas évidemment consenti à la translation de la propriété. Ce privilége du vendeur doit être rendu public; toutefois, le législateur a établi pour lui un mode spécial de publicité. Il dispense le vendeur d'inscrire son droit de préférence et décide que la transcription de l'acte de vente faite par l'acquéreur suppléera l'inscription au moyen de laquelle se conservent ordinairement les priviléges. (Art. 2108). Il est facile de comprendre pourquoi la transcription de l'acte de vente par l'acquéreur sert à conserver le privilége du vendeur. Dans l'acte de vente que l'on transcrit littéralement, mention est faite que l'acheteur doit encore tout ou partie du prix, et les tiers, en prenant connaissance de la transmission de l'immeuble à l'acheteur, apprendront, avec les conditions de la vente, l'existence du privilége du vendeur.

Le code ne fixe pas à l'acheteur un délai après lequel la transcription ne serait plus possible. Il s'en rapporte à sa diligence, et avec raison. L'acquéreur a tout intérêt à requérir le plus tôt possible la transcription de l'acte de vente : c'est seulement après cette transcription qu'il sera propriétaire, *ergà omnes*.

Jusqu'à la transcription, il est bien propriétaire vis-à-vis du vendeur par l'effet de la vente ; mais il pourrait être évincé de la propriété de l'immeuble, si un tiers, après avoir acquis de l'ancien propriétaire le même immeuble, avait eu soin de faire transcrire son titre d'acquisition avant le premier acheteur.

En supposant que l'acheteur néglige de faire transcrire l'acte de vente, dirons-nous que la transcription opérée à toute époque conservera le privilége du vendeur ? En général, il suffira que le privilége se révèle au moment de la transcription qui porte la vente à la connaissance du public ; mais, par exception, il peut arriver tel évènement qui rende désormais inefficace l'inscription du privilége.

Le code de procédure civile dans l'article 717, nous indique un de ces évènements après lequel le privilége du vendeur ne pourra plus être exercé, s'il n'a pas été inscrit antérieurement. L'article 717 suppose le cas où les créanciers de l'acheteur, qui n'a pas encore transcrit son titre d'acquisition, ont saisi et fait vendre sur lui l'immeuble grévé du privilége. Dès que l'adjudicataire a fait transcrire le jugement d'adjudication, le vendeur ne peut plus inscrire utilement son privilége, ou faire transcrire l'acte d'aliénation. Le privilége est éteint, et l'immeuble passe aux mains de l'adjudicataire libre de toutes charges. (Art. 717, code de Procédure civile).

D'après l'article 6 de la loi du 23 mars 1855, le vendeur doit inscrire son privilége dans les quarante-cinq jours de l'acte de vente, s'il veut pouvoir l'opposer aux tiers au profit desquels son acquéreur aurait consenti des droits, et qui auraient déjà fait transcrire les actes constitutifs de ces droits.

Ainsi, les deux exemples que nous venons de rapporter nous montrent que, si la loi n'a pas indiqué au vendeur un délai fatal pour inscrire son privilége, certains évènements qui peuvent se présenter à des époques plus ou moins éloignées, l'empêcheront de l'opposer, soit à des créanciers hypothécaires, soit à de nouveaux acquéreurs de l'immeuble, toutes les fois qu'il n'aura pas été inscrit auparavant.

L'exposé que nous avons présenté de la cause du privilége du vendeur et de son mode de conservation, facilite la réponse à notre question : L'article 448 est-il applicable à l'inscription de ce privilége? ou, en d'autres termes, le jugement déclaratif de faillite est-il la limite du délai pendant lequel le privilége du vendeur peut être utilement inscrit à l'encontre des créanciers de l'acquéreur failli? Nous n'hésitons pas à faire une réponse affirmative. Voici les raisons qui nous déterminent : aux termes de l'article 448, les priviléges valablement acquis ne peuvent être utilement inscrits après le jugement déclaratif de faillite. Si le législateur parle d'inscriptions dans l'article 448, c'est qu'il a prévu le mode le plus usité pour donner la publicité aux priviléges et aux hypothèques ; ce qu'il a voulu atteindre, c'est le défaut de publicité qui se révèle au moment du jugement déclaratif. Il importe peu dès lors que le privilége du vendeur soit ordinairement conservé, non pas par une inscription spéciale, mais par la transcription de l'acte de vente. D'ailleurs, nous n'avons nul besoin de rechercher quelle a été l'in-

tention du législateur à l'égard du privilége que retient
le vendeur; les auteurs de la loi ont pris la peine de nous
éclairer à ce sujet, et ils nous disent que la transcription
de l'acte de vente vaut inscription au profit du vendeur.
Or, la transcription ne peut pas avoir plus d'effet que n'en
aurait l'inscription; et, après le jugement déclaratif,
l'inscription du privilége est impossible. Nous sommes
donc autorisé à dire, avec la plupart des auteurs et avec
la jurisprudence, que le vendeur ne peut pas opposer à
la masse des créanciers de la faillite de l'acheteur un privilége qu'il n'a pas fait transcrire avant le jugement
déclaratif. (Bravard et Demangeat. — Valette et Rataud,
à leur cours; — arrêt de Nancy du 6 août 1859. — Dev.
Car., 59, 2, 594.)

Pour repousser le système que nous venons d'exposer,
on objecte vainement qu'à l'égard des tiers le vendeur
reste propriétaire jusqu'à la transcription, et que, l'acte
de vente n'ayant pas été transcrit avant le jugement déclaratif, la faillite de l'acheteur sera toujours pour le vendeur un fait indifférent. Mais, en quel sens l'article 3 de
la loi sur la transcription qui sert de base à l'objection,
dit-il que le vendeur reste propriétaire jusqu'à la transcription? En ce sens que l'acte de vente non transcrit ne
pourra pas être opposé aux tiers qui ont acquis du vendeur des droits sur l'immeuble et qui les ont conservés
conformément à la loi. Ces tiers qui ont contracté avec le
vendeur, qui ont rempli certaines formalités pour conserver les droits acquis, sont les seules personnes qui
aient le droit de considérer le vendeur comme étant toujours propriétaire au moment où il a traité avec elles.
Mais le vendeur lui-même ne pourra jamais se prétendre
propriétaire, car les articles 1138 et 1583 du Code
civil proclament que l'acheteur devient propriétaire à
l'égard du vendeur dès qu'on s'est mis d'accord avec la

chose et le prix. On a tort d'invoquer la loi de 1855 à l'appui des prétentions du vendeur : il est impossible d'oublier que le but de cette loi est d'étendre l'obligation de la publicité, de supprimer les priviléges et les hypothèques occultes.

Il peut arriver que, pour se conformer au premier alinéa de l'article 490, les syndics aient fait transcrire la vente au nom du failli. Cette transcription postérieure au jugement délaratif, rendra le droit du failli opposable aux tiers qui, postérieurement à la transcription, traiteraient avec le vendeur ou ses héritiers. Dirons-nous que les effets de la transcription étant indivisibles, cette transcription vaudra inscription du privilége du vendeur ? Il est faux de dire que les effets de la transcription sont indivisibles ; ils ont chacun une raison d'être et un but différents, et restent soumis à des règles propres. Par rapport à l'acheteur, la transcription ne fait que compléter la vente à l'égard des tiers ; aucun délai ne lui est fixé pour transcrire, car son seul intérêt est en cause, et il négligera bien rarement de le faire valoir.

Par rapport au vendeur, au contraire, la transcription est une mesure conservatoire qui peut intéresser les tiers ; comme toutes les mesures de cette nature, elle doit, dans certains cas, avoir lieu avant certains évènements ; dans notre question, avant le jugement déclaratif de faillite. Les effets de la transcription, qui ont un but et des règles propres, n'existent pas tous nécessairement dans chaque cas qui peut se présenter. Lorsque, par exemple, l'acte de vente porte que l'acheteur s'est libéré du prix, la transcription de cet acte, qui sera utile à l'acheteur, puisqu'elle le rendra propriétaire *ergà omnes*, ne conservera aucun privilége au profit du vendeur, le privilége n'existant jamais sans une créance. Dans notre espèce, lorsque nous supposons la transcription opérée par les soins des syndics, les tiers verront bien par l'acte de vente que le failli est débiteur, mais la créance du vendeur n'est plus qu'une créance de dividende par suite de la faillite de l'acheteur. Or, comment rattacher à une créance de dividende les accessoires de la créance primitive ?

Le vendeur, qui ne peut plus exercer son privilége à l'encontre de la faillite de l'acheteur parce qu'il ne s'est pas inscrit en temps voulu, n'a-t-il pas une dernière ressource, ne peut-il pas demander la résolution de la vente en invoquant l'article 1654 du Code Napoléon?

L'intérêt de la question est grand. Faisons-nous une réponse affirmative, le vendeur n'aura guère à souffrir de la perte de son privilége vis-à-vis de la masse. Il gagnera même dans certains cas, à n'avoir plus l'exercice de son privilége, notamment lorsque la chose aura augmenté de valeur; la masse, dans ce cas, sera forcée, ou de payer immédiatement, ou de livrer l'immeuble tel qu'il se trouve. Au contraire, si le vendeur pouvait encore exercer son privilége, il ne prendrait sur le prix de la vente de l'immeuble que ce qui lui est dû, et le surplus rentrerait dans la caisse de la faillite.

Cette question a été résolue de différentes manières:

Une première opinion conserve au vendeur son action résolutoire, s'il a eu soin de faire transcrire l'acte de vente avant que les syndics aient pris l'inscription dont parle l'article 490 du code de commerce. Ce système est fondé sur l'article 7 du 23 mars 1855, ainsi conçu: « *L'action résolutoire établie par l'article 1654 du Code Napoléon ne peut être exercée après l'extinction du privilége du vendeur au préjudice des tiers qui ont acquis des droits sur l'immeuble du chef de l'acquéreur et qui se sont conformés aux lois pour les conserver.* » L'article 7, disent les partisans de ce premier système, prononce une déchéance rigoureuse contre un créancier éminemment favorable, et il faut l'interpréter d'une manière restrictive, au pied de la lettre : les causes de déchéance ne pouvant se suppléer. C'est à l'égard des tiers qui ont acquis des droits sur l'immeuble du chef de l'acquéreur et qui se sont conformés aux lois pour les conserver que le vendeur est déchu de son action en résolution.

Le législateur veut évidemment parler des tiers qui ont acquis des hypothèques ou d'autres droits réels sur l'immeuble, non des créanciers chirographaires de l'acheteur. Or, tant que la masse de la faillite n'a pas pris l'inscription dont parle l'article 490, elle ne peut être considérée à l'encontre du vendeur comme ayant un droit réel sur les immeubles du failli. Que le vendeur se hâte donc de faire transcrire son titre ; cette transcription faite après le jugement déclaratif de faillite mais avant l'inscription que les syndics sont chargés de prendre au nom de la masse, sera, il est vrai, trop tardive pour lui réserver son privilége, mais lui réservera, du moins, son action résolutoire.

Les partisans de cette première opinion oublient qu'un des effets du jugement déclaratif est de dessaisir le failli de ses biens, et de conférer à la masse une sorte de nantissement général sur tout l'actif du failli, tel qu'il se comporte à l'époque de la déclaration de faillite.

Une deuxième opinion, qui est développée par la Cour de cassation, dans un arrêt du 1er mai 1860 (Dev. Car. 60 I, 602.) conserve au vendeur son action résolutoire alors même que la transcription du contrat aurait eu lieu après l'inscription dont nous avons parlé. Pour que l'action résolutoire cesse d'exister, dit la Cour, il faut que le privilége soit éteint. Or, bien qu'inexistant vis-à-vis de la masse, le privilége du vendeur n'est pas éteint ; il survit à l'encontre du failli lui-même, attendu que son extinction comme tous les autres effets du jugement déclaratif, n'est que relative ; et il revivra avec toute son efficacité, si les

créanciers accordent un concordat à leur débiteur failli.
Mais alors, pourquoi ne pas faire subir à l'action résolutoire le même sort qu'au privilége, et pourquoi ne pas la
tenir en suspens tant que le privilége est paralysé? La
Cour de cassation se contredit elle-même; car, après avoir
constaté que le privilége est désormais incapable de produire le moindre effet vis-à-vis de la masse, elle déclare
qu'il continue d'exister, qu'il n'est pas éteint, et qu'il
conservera son principal effet précisément contre les créanciers du failli, qui peuvent, la Cour le reconnaît, en nier
l'existence.

La troisième opinion, à laquelle nous adhérons, refuse
au vendeur le droit d'exercer l'action résolutoire. Elle
invoque la loi du 23 mars 1855, et l'intention du législateur. Qu'ont voulu les rédacteurs de cette loi? Solidariser
en quelque sorte les deux droits du vendeur: le droit de
privilége et le droit de résolution qui tendent au même but,
et qui doivent être conservés de la même manière. Il n'y
a plus de sanction qui force le vendeur à rendre son privilége public, s'il peut, par une action résolutoire, tenue
secrète, obtenir tout ce que lui aurait procuré l'existence
de son privilége rendu public. La loi, qui désire dans l'intérêt des tiers la publicité des droits du vendeur, doit
subordonner l'exercice de l'action résolutoire à l'inscription du privilége; elle doit déclarer éteinte l'action résolutoire lorsque le privilége a cessé d'exister. Voilà les
motifs qui ont poussé le législateur à édicter l'article 7 de
la loi du 23 mars 1855; le véritable sens de cet article est
que l'action résolutoire ne peut pas être opposée aux créanciers à l'encontre desquels le privilége n'existe plus.
Comme le vendeur ne peut opposer son privilége aux
créanciers du failli; il demandera vainement la résolution
de la vente. (M. Rataud, à son cours.)

J'aborde maintenant la seconde des deux difficultés que
j'ai annoncées:

Aux termes de l'article 2109, du Code Napoléon, le copartageant créancier d'une soulte peut s'inscrire dans les soixante jours du partage sans avoir à craindre d'être primé par aucune hypothèque sur les biens mis au lot du copartageant débiteur de la soulte. D'après l'article 6 de la loi du 23 mars 1855, lorsque le copartageant créancier de la soulte se sera inscrit dans les quarante-cinq jours du partage, il ne subira pas l'effet d'une transcription antérieure. Que décider si le copartageant débiteur est déclaré en faillite avant l'expiration de ces délais? De la combinaison des articles 2109 et 2113, il résulte que le copartageant sera créancier privilégié s'il est inscrit dans les soixante jours, créancier hypothécaire seulement s'il a laissé passer le délai de deux mois sans inscrire l'acte de partage. Il résulte bien de ces deux articles que l'empressement du copartageant à s'inscrire nuira aux seuls créanciers hypothécaires du copartageant débiteur, comme aussi que ces créanciers hypothécaires profiteront seuls du retard mis par le créancier de la soulte à inscrire son droit. Dans notre hypothèse, la masse des créanciers du failli débiteur de la soulte n'a pas à se préoccuper de l'exactitude ou de la négligence du créancier. Peu lui importe que ce créancier ait une hypothèque ou un privilége; car l'aricle 448 du code de commerce s'oppose aussi bien à l'inscription des priviléges qu'à celles des hypothèques. Le copartageant sera donc repoussé s'il invoque le délai de soixante jours contre la masse de la faillite.

Lorsque le copartageant s'est inscrit dans les quarante-cinq jours, son privilége est opposable aux tiers, qui, ayant contracté avec le débiteur, ont transcrit leurs droits. Même dans ce cas, le privilége du copartageant, ne sera pas opposable à la masse de la faillite qui est protégée par l'article 448, déclarant nulle toute inscription de privilége postérieure à la faillite. Les rédacteurs de l'article 6 de

la loi du 23 mars 1855, n'ont pas eu pour but de protéger
le copartageant contre l'imminence d'une faillite; ils ont
voulu garantir contre une revente ou une constitution de
droits réels, consentie immédiatement après le partage et
aussitôt transcrite. Il faut dire du vendeur qui s'est inscrit dans les quarante-cinq jours de l'acte de vente, mais
après la faillite, ce que nous venons de dire du copartageant.

Reste une question générale qui vient s'offrir à notre
attention. Le texte de l'article 445 ne parle que des droits
d'hypothèque ou de privilége valablement acquis. Faut-il
le prendre à la lettre? Ne faut-il pas l'appliquer toutes
les fois qu'il s'agira d'une formalité autre que l'inscription
de l'hypothèque ayant pour objet de rendre efficace un
droit préexistant?

Une créance a été valablement cédée par un commerçant; aux termes de l'article 1690 du Code civil, le cessionnaire n'est saisi à l'égard des tiers que par la signification du transport faite au débiteur. Supposons que la
cession ne soit signifiée qu'après le jugement qui a déclaré
la faillite du cédant; alors nous dirons de cette signification ce que la loi dit de l'inscription d'un droit d'hypothèque
ou de privilége; nous dirons qu'elle doit être considérée
non avenue relativement à la masse. En effet, d'une part,
le cessionnaire qui ne s'est pas conformé à l'article 1690
du Code Napoléon, n'est véritablement qu'un créancier du
cédant; et, d'autre part, entre les créanciers d'un homme
déclaré en faillite, aucun ne peut acquérir postérieurement au jugement qui dessaisit le débiteur commun,
une position préférable par rapport aux autres créanciers.
C'est en ce sens que la jurisprudence s'est prononcée.
(C. de Paris, 17 février 1849. Dev. Car. 40. 2. 175.)

Supposons maintenant une donation d'immeubles valablement faite par un commerçant. Aux termes de l'article

941 du code civil, le défaut de transcription d'une donation pourra être opposé par toutes personnes ayant intérêt, excepté toutefois celles qui sont chargées de faire la transcription ou leurs ayant-cause et le donateur. Le commerçant donateur est déclaré en faillite; la transcription, survenue postérieurement au jugement déclaratif, pourra-t-elle être opposée à la masse des créanciers? Je ne le pense pas. En effet, les créanciers puisent dans le principe du dessaisissement du failli une sorte de droit réel, s'exerçant sur tous les biens, meubles et immeubles de leur débiteur, tels qu'ils existent au jour du jugement déclaratif, et indépendamment de toute formalité.

Enfin, je suppose qu'un commerçant, propriétaire d'un immeuble, l'a valablement aliéné entre vifs à titre onéreux ou qu'il l'a grévé d'un droit d'usufruit, d'un droit de servitude, d'un droit d'antichrèse, ou qu'il l'a donné à bail pour plus de dix-huit ans, ou je suppose qu'un commerçant a renoncé à un droit d'usufruit ou de servitude qu'il avait sur l'immeuble d'un tiers. La loi du 23 mars 1855 soumet tous ces actes à la transcription, et décide que jusqu'à la transcription ils ne peuvent être opposés aux tiers qui ont des droits sur l'immeuble et qui les ont conservés en se conformant aux lois. Ceci posé, ce commerçant vient à être déclaré en faillite; l'acte émané de lui doit-il avoir été transcrit avant le jugement déclaratif? Oui; et nous ne pourrions que répéter ce que nous avons déjà dit à propos des donations. Le jugement déclaratif dessaisit le failli, afin que son patrimoine, tel qu'il se comporte à cet instant, soit le gage exclusif de ses créanciers. Cette solution n'est pas cependant admise par tous les auteurs. Quelques-uns (Rivière et Huguet, questions sur la transcription; Kachariæ, Aubry et Rau, t. 2, § 209, p. 289), admettent que les tiers auxquels le commerçant a consenti des droits sujets à transcription pourront utilement transcrire jusqu'au jour où les syndics auront pris l'inscription de l'article 490 du Code de commerce. Ils prennent pour point de départ l'article 3 de la loi du 23 mars 1855 qui est ainsi conçu : « *Jusqu'à la transcription, les droits résultant des actes énoncés aux précédents articles ne peuvent être opposés aux tiers qui ont des droits sur l'immeuble, et qui les ont conservés en se conformant aux lois.* »

Ils admettent bien que les créanciers chirographaires du failli tiennent du jugement déclaratif un droit de préférence, mais ils soutiennent que, tant que les syndics n'auront pas pris sur les biens du failli une inscription au profit de la masse, conformément à l'article 400 du Code de commerce, le droit de préférence n'est pas conservé, conformément à l'article 8 de la loi du 23 mars 1855. Il est facile de réfuter ce système. L'inscription que ces auteurs mettent en avant n'est faite que pour assurer aux créanciers la priorité; soit après le concordat, soit après la dissolution de l'union. Nous avons vu qu'elle ne peut, hors peut-être le cas de séparation de patrimoine, avoir aucune utilité pendant la durée de l'état de la faillite. L'article 448 prend la peine de dire que les hypothèques valablement consenties par le failli ne peuvent plus être inscrites après le jugement déclaratif. L'inscription de l'article 490 n'est donc pas une formalité ayant pour but de conserver le droit de préférence accordé à la masse des créanciers de la faillite. Ce droit existe par lui-même indépendamment de l'accomplissement d'aucune formalité. L'article 3 de la loi du 23 mars ne peut donc pas être invoqué. Du reste, avec le système que nous venons de réfuter, il faudrait constater le défaut d'harmonie dans la loi. Tandis que les tiers-acquéreurs pourraient, après le jugement déclaratif, conserver à l'encontre de la masse des créanciers leurs droits au moyen d'une transcription, les créanciers hypothécaires ou privilégiés ne pourraient plus inscrire leurs droits de préférence, l'article 448 étant formel. Pourquoi traiter moins favorablement les uns que les autres ?

Pour nous résumer, constatons que le législateur a fait dans le premier alinéa de l'article 448, l'application d'un principe général d'après lequel tout droit qui reçoit sa force de l'accomplissement de certaines formalités, ne pourra pas être opposé aux créanciers du failli, lorsque l'accomplissement de ces formalités sera postérieur au jugement déclaratif.

SECTION VI.

Des incapacités qui frappent le failli.

Je passe à la dernière section de la première partie de ce travail.

Les incapacités dont il s'agit peuvent être divisées en trois classes, suivant qu'elles affectent l'exercice des droits politiques, ou certaines facultés qui se rattachent à la qualité de commerçant, ou enfin l'honorabilité de la personne.

§ 1. — *Incapacités politiques.*

Voici comment s'exprimait l'article 5 de la Constitution du 22 Frimaire an VIII, qui est le texte organique de la matière. « *L'exercice des droits de citoyen français est sus-* « *pendu par l'état de débiteur failli, ou d'héritier immédiat,* « *détenteur à titre gratuit de tout ou partie de la succession* « *d'un failli.* » Il est certain que la disposition dont il s'agit a été applicable tant que la Constitution de l'an VIII est restée en vigueur. Je me bornerai à signaler quelques dispositions législatives qui n'en étaient que des corollaires.

La loi du 25 ventose an XI, contenant organisation du

notariat, porte (art. 35) que, *pour être admis aux fonctions de notaire, il faut jouir des droits de citoyen ;* et la même loi veut (art. 9) *que les deux témoins qui assistent le notaire soient citoyens français.* Il en résulte manifestement que, du moins sous la constitution de l'an VIII, le failli non réhabilité ou son héritier immédiat, ne pouvait être ni notaire, ni témoin d'un acte notarié, Cela ne saurait faire le moindre doute : car il est incontestable que le législateur de l'an XI n'a eu ni la volonté, ni le pouvoir de déroger à la règle posée dans la constitution de l'an VIII. Au contraire, quand il s'agit de témoins produits *aux actes de l'état-civil,* il suffit *qu'ils soient du sexe masculin et âgés de vingt-un ans au moins* (Art, 37. C. N.) ; et, en ce qui concerne *les témoins appelés pour être présents aux testaments,* on exige seulement qu'ils soient *mâles, majeurs, sujets de l'empereur, jouissant des droits civils.* (C. N. 980). Ainsi, la loi n'exigeant pas la qualité de citoyen, il faut en conclure qu'un failli non réhabilité ou son héritier immédiat pouvait très-bien. même sous l'empire de la constitution de l'an VIII, être témoin à un acte de l'état-civil ou à un testament.

Par application de la constitution de l'an VIII, il fallait étendre à l'héritier immédiat du failli, l'article 3 de la loi du 18 mars 1806, portant que les négociants-fabricants ne peuvent être élus prud'hommes, s'ils ont fait faillite; l'article 14 de la loi du 20 février 1810, où il est dit que les faillis ne peuvent pas concourir à l'élection des prud'hommes ; — et l'article 83 du Code de commerce de 1808 qui décide que ceux qui ont fait faillite ne peuvent être ni agents de change, ni courtiers, s'ils n'ont été réhabilités.

Le Code d'instruction criminelle, promulgée en 1808, déclare, dans son article 381, que nul ne peut remplir les fonctions de juré, s'il ne jouit des droits politiques. Ici encore, j'en suis convaincu, l'intention du législateur a été, non pas de déroger à la constitution de l'an VIII, mais au contraire, d'en signaler expressément une application importante. Aussi, sous l'empire de cette constitution, l'incapacité d'être juré atteignait, non seulement le failli lui-même, mais également son héritier immédiat, détenteur à titre gratuit de sa succession totale ou partielle.

Cet état de choses subsiste-t-il encore? L'affirmative n'est point douteuse en ce qui concerne le failli lui-même. Mais, à l'égard de l'héritier immédiat du failli, nous possédons deux textes qui nous autorisent à soutenir le contraire; d'une part, le décret du 2 février 1852, pour l'élection des députés au Corps législatif: qui dit, dans son article 15: « *Ne doivent pas être inscrits sur les listes électorales, 1°   17° les faillis non réhabilités;* » et dans son article 27: « *sont déclarés indignes d'être élus les individus désignés à l'article 15 de la présente loi.* » D'autre part, la loi du 4 juin 1853 sur la composition du jury *qui déclare également incapables d'être jurés les faillis non réhabilités* (Art. 2. N° 9).

D'après ces textes, l'héritier immédiat d'un failli non réhabilité n'est aujourd'hui incapable ni de voter, dans les élections pour le Corps législatif, ni d'être élu député au Corps législatif, ni de statuer comme juré sur une accusation en matière criminelle. Le système de la constitution de l'an VIII, se trouve évidemment modifié à cet égard. Mais, ce système subsiste-t-il en ce sens que l'héritier immédiat d'un failli non réhabilité serait encore incapable d'exercer les droits politiques, de remplir les fonctions publiques, autres que ceux dont s'occupent les deux lois qui viennent d'être citées? Je le voudrais ; mais il m'est absolument impossible de l'admettre. En effet, participer à l'élection d'un député, siéger comme membre au Corps législatif, prononcer sur la culpabilité d'un individu accusé d'un crime, c'est faire acte de citoyen au suprême degré ; il faut donc dire, que celui qui est capable d'élire, d'être élu, d'être juré, est capable, à plus forte raison, sauf disposition contraire d'une loi spéciale, d'exercer tous autres droits politiques, d'être appelé à toutes fonctions publiques.

Nous arrivons ainsi à cette conséquence que la suspension des droits de citoyen, prononcée par la Constitution de l'an VIII, contre l'héritier immédiat du failli non réhabilité, n'existe plus sous aucun rapport ; et que le failli seul est frappé de cette déchéance.

Quant à la fonction de conseil judiciaire, le tribunal n'y appellera jamais un failli.

L'article 13 de la loi du 22 mars 1831, exclut de la garde nationale les banqueroutiers frauduleux et simples. Lors de la discussion de cette loi, (séance du 17 décem-1830) deux amendements ont demandé l'exclusion, l'un, des faillis non réhabilités ; l'autre, des faillis déclarés non excusables par le tribunal de commerce. Tous deux ont été rejetés comme étendant leurs rigueurs sur des commerçants qui peuvent n'être que malheureux ou imprudents.

Ce n'est pas par le droit politique, c'est uniquement par le droit civil qu'il faut résoudre la question de savoir si un failli peut être tuteur, subrogé-tuteur, curateur, syndic d'une faillite. Il ne le pourra pas tant que son dessaisissement d'administration, et par suite l'impossibilité de toute responsabilité sur ses biens, n'auront pas cessé. J'ai exposé les motifs de cette opinion.

La question serait plus difficile, et les motifs de décider ne seraient pas les mêmes, s'il s'agissait d'appeler le failli à être membre d'un conseil de famille. On pourrait l'y admettre s'il n'avait pas été formellement exclu ou destitué de la tutelle. L'article 445, Code Napoléon, autorise cette distinction.

Les experts remplissent-ils une fonction publique? Je ne le crois pas. D'une part, je ne puis admettre que l'expertise constitue une délégation de la loi du juge ; car la loi dit en termes formels, que les juges ne sont point astreints à suivre l'avis des experts si leur conviction s'y oppose. (Art. 323, Code de procédure civile). Et, d'autre part, je ne puis pas même admettre que le rapport d'experts soit véritablement un acte authentique; car la définition de l'acte authentique donnée dans l'article 1317 du Code Napoléon, ne s'y applique que d'une manière bien imparfaite. La vérité est que le rapport d'experts contient un simple renseignement fourni à la justice, renseignement présumé exact en raison des connaissances spéciales et techniques de ceux à qui on le demande, renseignements dont l'exactitude ne serait nullement garantie par la circonstance que les experts devraient avoir la jouissance et l'exercice des droits politiques, Il doit donc être permis aux parties et au tribunal de réclamer le renseignement dont il s'agit auprès de ceux qui paraissent les plus capables de le donner, fûssent-ils étrangers ou faillis, absolument comme les témoins qui viennent déposer en matière civile ou en matière criminelle sont appelés à éclairer la justice sur des faits dont ils ont connaissance, abstraction faite de leur qualité de citoyens.

Enfin, que décider relativement aux arbitres? Autrefois, plusieurs auteurs faisaient une distinction suivant qu'il s'agissait d'arbitrage volontaire ou d'arbitrage forcé. Dans ce système, en cas d'arbitrage forcé, les arbitres devaient avoir l'exercice des droits politiques, tandis que cela n'était point indispensable en cas d'arbitrage volontaire. La loi du 17 juillet 1856, a supprimé l'arbitrage forcé. Je suis disposé à croire que la fonction de l'arbitre n'est point une fonction publique, et qu'ainsi elle peut être valablement remplie même par un failli non réhabilité. Deux personnes ayant un différend veulent s'épargner les embarras d'un procès ; elles choisissent un arbitre, c'est-à-dire un tiers à la décision duquel elles promettent de se conformer : voilà l'arbitrage volontaire. Ainsi, tout ce que fait l'arbitre, il ne le fait qu'en vertu du pouvoir que lui confère la convention de deux particuliers. Il est donc impossible de voir en lui un fonctionnaire public, et c'est ce qui explique pourquoi sa décision n'aura la force d'un jugement qu'après qu'elle aura été déclarée exécutoire par le président du tribunal ou la Cour, conformément aux articles 1020 et 1021 du Code de procédure.

§ 2. — *Incapacités commerciales.*

Pour établir entre le failli et les autres commerçants une distinction ayant le caractère de la honte, l'article 614 du Code de commerce décide que : « *Nul failli ne pourra se présenter à la Bourse, à moins qu'il n'ait obtenu sa réhabilitation.* » En conséquence, l'autorité chargée de la police de la Bourse devrait expulser le failli qui s'y présenterait.

Aux termes du décret du 18 janvier 1808, qui arrête définitivement les statuts de la banque de France : « *Tout failli non réhabilité ne peut être admis à l'escompte* » (art. 50). Et le décret a pourvu à ce qu'il y eut possibilité de se conformer à cette disposition. L'article 51 ajoute : « *Il sera tenu un registre où seront inscrits les noms et demeures des commerçants qui ont fait faillite. Ce registre contiendra la date ou l'époque de la faillite ; l'époque de la réhabilitation si elle a eu lieu.* »

Enfin, l'article 13 du décret du 8 juin 1806, maintenu expressément par l'article 10 de l'ordonnance royale du 8 décembre 1824, disait que *tout entrepreneur* (c'est-à-dire directeur) *qui aurait fait faillite ne pourrait plus rouvrir de théâtres.* Cette incapacité du directeur de théâtre qui a fait faillite existe-t-elle encore aujourd'hui sous l'empire du décret du 6 janvier 1864? Aux termes de l'article premier de ce dernier décret, tout individu peut faire construire et exploiter un théâtre, à la charge de faire une simple déclaration à l'autorité. Or, l'incapacité établie en 1806 et consacrée en 1824 se concevait très-bien à une époque où l'autorité accordait un privilége à l'effet d'exploiter un théâtre : l'autorité était responsable, au moins moralement, de l'entrepreneur ou directeur agréé et privilégié par elle. Alors, le gouvernement posait d'avance une règle générale portant que le privilége ne pourrait jamais être accordé à un individu dont les antécédents étaient de nature à faire craindre une mauvaise gestion, à faire craindre, par conséquent, que l'autorité qui l'aurait choisi ne se trouvât, jusqu'à un certain point compromise. Aujourd'hui, tout individu étant libre d'exploiter un théâtre comme en général d'exploiter un commerce quelconque, l'autorité ne peut encourir aucune espèce de reproche par suite de la mauvaise gestion du directeur : le motif qui avait dicté la disposition du décret de 1806 et de l'ordonnance de 1824 a donc cessé d'exister. Du reste, aucun article du nouveau décret n'exclut le directeur failli du bénéfice du droit commun d'exploiter un théâtre ; et je tire en faveur du système que j'adopte un argument à Contrario assez puissant de l'article 2 *in fine* de ce nouveau décret. Cet article, à propos des lois anciennes dont il consacre la continuation, ne parle que de celles existantes sur la police et la fermeture des théâtres, ainsi que sur la redevance établie au profit des pauvres et des hospices. Il abolit donc implicitement les autres.

§ 3. — *Incapacités honorifiques.*

L'état de faillite emporte la suspension légale des droits
et prérogatives attachés à la qualité de membre de la Lé-
gion-d'Honneur. (Arrêté du 24 ventôse, an XII. — Art. 39
du décret organique du 16 mars 1852. — Art. 2 du décret
du 24 novembre 1852.)

Aux termes de l'article 7 de ce dernier décret, la faillite
produit le même effet à l'égard des décorés de la médaille
militaire. Les faillis légionnaires ou médaillés doivent
donc quitter immédiatement les insignes de l'ordre, sous
peine d'être poursuivis, conformément à l'article 259 du
code pénal.

Toutes ces incapacités survivent à l'homologation du
concordat, à la dissolution de l'union; pour les faire
disparaître, il faut que le failli obtienne sa réhabilitation.

CHAPITRE DEUXIÈME.

DES EFFETS PRODUITS DANS LE PASSÉ PAR LE JUGEMENT DÉCLARATIF DE FAILLITE.

PROLÉGOMÈNES,

Jusqu'au jour du jugement déclaratif dont nous venons
d'étudier les effets, le failli est resté à la tête de ses affaires,
a conservé la libre administration de ses biens, et a pu
traiter avec les tiers. Mais, le jugement déclaratif, qui est
le point de départ du dessaisissement du failli, constate
un état de choses préexistant, la cessation des paiements.
Du jour où il n'acquittait plus ses dettes, le commerçant
qu'on vient de déclarer en faillite, connaissait tout ce que
sa situation avait de précaire, pouvait agir frauduleuse-
ment à l'encontre de ses créanciers, soustraire des valeurs

du gage de la masse. C'est pourquoi le législateur a décidé que les actes faits par le commerçant dans l'intervalle qui sépare la cessation des paiements du jugement déclaratif, seraient presumés frauduleux.

La cessation des paiements exerçant une grande influence sur la validité des actes du failli, il était nécessaire de fixer d'une manière certaine et invariable l'époque où elle a eu lieu. Cette époque est fixée par le tribunal de commerce, soit dans le jugement déclaratif de faillite, soit dans un jugement postérieur. (Art. 441, C. de com.) A cet égard, le tribunal use d'un pouvoir discrétionnaire. La loi n'a pas cru devoir régler les éléments essentiels de la cessation des paiements; elle a dit qu'elle résulterait de l'ensemble des faits et des circonstances de la cause; faits et circonstances dont l'appréciation est abandonnée aux juges du fond.

L'ancien article 441 indiquait certains indices auxquels les juges devaient nécessairement se référer ; c'était la retraite du débiteur, la clôture de ses magasins, la date de tous actes constatant le refus d'acquitter ou de payer des engagements de commerce. Les législateurs de 1838 ont donné aux juges plus de latitude ; ils ne lui demandent que d'étudier l'ensemble de la situation du failli d'après l'état de son crédit. Aussi, la cessation des paiements peut bien être fixée à une époque où l'état des affaires du failli n'avait encore reçu aucune notoriété. Un arrêt de la Cour de Nancy, du 30 juillet 1840, décide expressément que la loi s'est abstenue de donner aucune définition de la cessation de paiements, parce qu'elle s'en est rapportée à la prudence du juge, qu'elle l'a dispensé de l'obligation de s'attacher, soit à la notoriété publique, soit à quelques-uns de ces faits extérieurs qui démontrent plus ou moins énergiquement la faillite. (Dalloz, *Jurisp. gén.*, v° *Faillite*, n° 64.)

La fixation de l'époque où les paiements ont cessé peut

être attaquée par toutes les parties intéressées. On peut donc, sans contester la cessation de ses paiements en elle-même, contester qu'elle ait commencé à tel ou tel moment, et demander que sa fixation soit placée à une autre date, soit plus reculée, soit plus rapprochée du jugement déclaratif. Toutefois, nous lisons, dans l'article 581, *qu'aucune demande des créanciers tendant à faire fixer la date de la cessation des paiements à une époque autre que celle qui résulterait du jugement déclaratif de faillite, ou d'un jugement postérieur, ne sera plus recevable après les délais pour la vérification et l'affirmation des créances ; et que c'est à ce moment que la date de la cessation des paiements devient définitive.* Cet article nous prouve d'ailleurs que le tribunal, après avoir fixé l'époque de la cessation des paiements par le jugement déclaratif ou par un jugement postérieur, peut, jusqu'à l'expiration des délais que nous venons de signaler, revenir sur cette fixation si de nouveaux indices viennent l'avertir qu'elle n'est pas exacte.

La cessation des paiements est un fait complexe, composée d'une série de faits successifs, multiples et divers. C'est évidemment la date du premier de ces faits qu'il faudra prendre ; car, c'est à partir de ce moment que le débiteur a laissé ses engagements en souffrance. On exige une série de faits pour bien prouver qu'à partir du premier refus de paiement, le failli n'a plus fait honneur à sa signature.

Toutes les fois que le tribunal fixera la date de la cessation des paiements par un jugement postérieur au jugement déclaratif, il devra préalablement entendre le juge-commissaire de la faillite. (Article 441.)

Comme les choses ne peuvent, à cet égard, rester dans le vague, si aucune époque n'a été spécialement déterminée par le tribunal comme étant celle où le failli a cessé de payer, cette cessation sera réputée avoir eu lieu à partir du jugement déclaratif de la faillite, (Article 441 *in fine.*) C'est là une fiction dont le résultat est manifestement contraire à la vérité; car, soit que la faillite soit déclarée d'office, soit qu'elle intervienne par suite de la déclaration du failli ou à la requête de ses créanciers, il faut nécessairement que le jugement qui la prononce soit postérieur à la cessation des paiements; il est donc impossible que cette cessation soit concomitante au jugement déclaratif. Néanmoins on a cru cet expédient nécessaire, parce qu'on a voulu avoir la certitude absolue que l'époque de la cessation des paiements aurait une date fixée et bien déterminée.

J'ajoute qu'il existe un cas où la disposition finale de l'article 441 dont nous nous occupons ne pourra jamais s'appliquer. Aux termes de l'article 437, *la faillite d'un commerçant peut être déclarée après son décès, lorsqu'il est mort en état de cessation de paiements.* Or, dans la seconde discussion à la Chambre des Députés (séance du 29 mars 1838), on proposa d'ajouter à l'article 441, qu'à défaut de détermination spéciale, la cessation des paiements serait réputée avoir lieu, en cas de faillite d'une personne décédée, à partir de son décès; mais cette addition a été regardée comme superflue; car il n'est pas un tribunal qui, dans le silence même d'un jugement déclaratif après décès, hésiterait à reconnaître, en présence du texte que nous venons de citer, qu'avoir déclaré une telle faillite, c'est avoir virtuellement et nécessairement constaté qu'au moment du décès il y avait cessation de paiements.

Il importe de remarquer la grande différence qui existe entre les actes postérieurs au jugement déclaratif, et ceux que le failli a pu faire dans l'intervalle qui sépare de ce jugement l'époque de la cessation des paiements. Tandis que, par rapport à la masse, les premiers actes sont considérés comme inexistants, les seconds sont soumis à trois classes de nullités, suivant une distinction que nous expliquerons.

Remarquons encore par quels principes sont régis les actes faits depuis la cessation des paiements, ou dans les dix jours précédents, et en quoi ici on s'est écarté du droit commun. En matière civile, lorsqu'un créancier veut faire annuler les actes de son débiteur, il doit prouver que ces actes lui causent un préjudice, et que le débiteur les a faits de mauvaise foi; en outre, lorsqu'il s'agit d'actes à titre onéreux, le créancier doit aussi établir que les tiers avec lesquels a contracté son débiteur étaient complices de sa mauvaise foi. Le créancier ne pourra jamais invoquer une présomption de fraude; il sera tenu de la prouver. Il en est ainsi parce que les créanciers peuvent toujours se faire donner des garanties, et que, lorsqu'ils n'exigent aucune sûreté, ils ont foi dans la loyauté de leur débiteur, dont ils courent les chances de l'insolvabilité. Leur nombre, d'ailleurs, n'est jamais bien grand; ils résident presque toujours auprès de lui, et peuvent contrôler ses actes. Tout autre est la position en matière commerciale : la nature et la rapidité des opérations de commerce, le crédit qui en est l'essence, ne permettent pas aux créanciers d'exiger des sûretés de leur débiteur; rarement les créanciers commerciaux ont la même résidence que celui qui est leur obligé; disséminés en tous lieux, ils ignoreront souvent la cessation des paiements, et il leur serait presque impossible de se procurer la preuve de la fraude du débiteur qui a contracté au moment de la cessation de ses paiements. Enfin, le grand nombre de créanciers et la quantité d'actes que fait naître la vie commerciale, amèneraient une masse de procès dont les frais absorberaient inutilement ce qui reste d'actif dans la faillite. Pour toutes ces raisons, on s'est éloigné, dans notre matière, des règles du droit civil. On a décidé que tous les créanciers d'un commerçant devaient se trouver dans une égale situation ; et, pour maintenir cette égalité, le législateur a établi une théorie de nullités, qui fait l'objet de la seconde partie de ce travail, et où la mauvaise foi du failli se présume toujours, ainsi que nous aurons occasion de le voir.

La théorie des nullités spéciales à la faillite que nous allons étudier, a son origine dans notre ancien Code. Le premier document sur la matière est un règlement adopté par les négociants de la ville de Lyon, et homologué par un arrêt du Conseil du 7 juillet 1667. Ce règlement porte dans son article 13 que, « toutes cessions et transports sur les effets du failli seront nuls s'ils ne sont faits dix jours au moins avant la faillite publiquement connue. » Il n'avait force de loi que pour la ville de Lyon. L'ordonnance de 1673 avait, au titre XI, un article 4 ainsi conçu : « Déclarons nuls tous transports, cessions, ventes et donations de biens meubles ou immeubles faits en fraude des créanciers. Voulons qu'ils soient rapportés à la masse commune des effets. » Mais cet article se borne à rappeler le principe de l'action paulienne, principe général et de droit commun, n'ayant rien de particulier pour le cas de faillite. La déclaration de 1702, dont nous avons déjà cité le texte, généralisa le principe posé dans l'article 13 du règlement de Lyon de 1667 ; elle y ajouta les constitutions d'hypothèques dont ne s'occupait pas le règlement. Cette déclaration est la source à laquelle ont été puisées les dispositions du Code ; elle consacre dans des termes formels les nullités de plein droit et fait remonter ces nullités à dix jours avant l'époque de la faillite connue.

Les articles 443 à 447 du Code de 1808 comprennent toutes les dispositions de la déclaration de 1702. Ces cinq articles s'occupent toujours d'actes faits dans les dix jours qui précèdent l'ouverture de la faillite : tous les actes postérieurs à cette ouverture étant déclarés nuls de plein droit à cause du dessaisissement du failli, qui remonte à la cessation des paiements. Sous le Code de 1808, le point de départ des nullités n'est plus le même que sous la déclaration de 1702; autrefois, c'était la notoriété de la faillite ; sous ce Code, c'est l'ouverture de la faillite déterminée par certains indices matériels. L'ancien article 444 consacrait une distinction déjà reconnue par la jurisprudence et incontestable ; les nullités ne peuvent être invoquées que par la masse des créanciers, jamais par le débiteur. A la différence de la déclaration de 1702, le Code de 1808 dans les articles 444 et suivants, sépare les actes à titre onéreux du failli d'avec ses actes à titre gratuit ; les derniers sont toujours nuls, tandis que les premiers doivent, pour être annulés, porter des caractères de fraude.

La loi de 1838 a sensiblement amélioré le système du Code de 1808. Sous le Code de 1808, le point de départ des nullités est l'ouverture de la faillite déterminée par des indices matériels; sous la loi actuelle, ce point de départ est l'époque de la cessation des paiements déterminée par les juges. Le dessaisissement commençait avec l'ouverture de la faillite, et tous actes postérieurs étaient nuls : le dessaisissement ne date plus aujourd'hui que du jugement déclaratif. Enfin, la loi de 1838, a restreint les nullités aux actes qui devaient en être justement frappés. Il est à peine besoin de rappeler que les nullités édictées par la loi de 1838, comme celles formulées dans le Code de 1808, existent seulement par rapport à la masse des créanciers ; le failli ne peut jamais les invoquer.

SECTION I.

Première classe de nullités.

« *Art. 446. Sont nuls et sans effet relativement à la*
« *masse lorsqu'ils auront été faits par le débiteur depuis*
« *l'époque déterminée par le tribunal comme étant celle de*
« *la cessation de ses paiements, ou dans les dix jours qui*
« *auront précédé cette époque :*

  « *Tous actes translatifs de propriété mobilière ou im-*
« *mobilière à titre gratuit ;*

  « *Tous paiements, soit en espèces, soit par transport,*
« *vente, compensation, ou autrement pour dettes non échues ;*

  « *— et, pour dettes échues, tous paiements faits autrement*
« *qu'en espèces ou effets de commerce ;*

  « *Toute hypothèque conventionnelle ou judiciaire, et tous*
« *droits d'antichrèse ou de nantissement constitués sur les*
« *biens du débiteur pour dettes antérieurement contrac-*
« *tées.* »

Il s'agit ici des nullités de plein droit. Ainsi qu'il ressort des premiers mots de l'article 446, pour faire annuler les actes qui y sont mentionnés, il suffit de prouver deux choses au tribunal : la date et la nature de ces actes. Lorsque les syndics, agissant au nom de la masse, auront établi que les actes qu'ils attaquent sont compris dans l'énumération de l'article 446, et sont postérieurs à la cessation des paiements ou remontent seulement aux dix jours qui la précèdent, ils triompheront de toute nécessité. En effet, la loi ne laisse au juge aucun pouvoir discrétionnaire ; elle ne lui permet pas d'apprécier la bonne foi des tiers qui ont contracté avec le failli et les circonstances dans lesquelles sont intervenues les conventions qu'il doit annuler. On a dit avec raison que le dessaisissement rétroagit jusqu'au dixième jour qui a précédé la cessation des paiements, à l'égard des actes dont s'occupe l'article 446.

Pour tomber sous la nullité de l'article 446, les actes qu'énumère cet article doivent être faits depuis la cessation des paiements ou dans les dix jours qui la précèdent. Seraient-ils à l'abri de toute atteinte s'ils étaient antérieurs de plus de dix jours à la cessation des paiements ? Non, mais on ne pourrait les attaquer qu'en se fondant sur l'article 1167 du Code civil, et sous les conditions de fraude non présumée exigées par cet article. Et encore, cette annulation aurait peut-être un résultat tout autre que l'annulation qui a lieu en vertu de l'article 446. En effet, celle-ci profite à la masse entière de la faillite, aussi bien aux créanciers qui sont devenus tels depuis que l'acte a été fait, qu'aux créanciers déjà existants lors de cet acte. Au contraire, l'acte annulé par l'application de l'article 1167, n'est, suivant certains auteurs, annulé qu'au profit des créanciers en fraude de qui il a été fait, c'est-à-dire des créanciers déjà existants au moment où l'acte est intervenu. (Mourlon, Vallette, Zachariæ, Aubry et Rau.)

Le premier alinéa de l'article 446 consacre aussi formellement le principe que les nullités dont il s'agit n'existent que relativement à la masse et non relativement au débiteur. La jurisprudence a souvent fait application de ces mots de l'article 446 « *à l'égard de la masse* ». Un failli, après la cessation de ses paiements, constitue sur ses biens une hypothèque pour dette antérieure ; cette hypothèque est annulée ; mais la femme du failli, par suite de la solidarité qui a été stipulée d'elle et de la subrogation qu'elle a consentie dans son hypothèque légale, pourra être poursuivie dès à présent sur ses biens personnels, droits, créances et reprises. (Cour d'Orléans, arrêt de rejet du 16 juin 1852. Dev. Car. 52, 2, 661.)

De même, si le failli, après avoir obtenu un concordat

qui l'a remis à la tête de ses affaires, assigne le créancier hypothécaire pour voir ordonner la radiation de l'inscription d'une hypothèque annulée, conformément à l'article 446, cette prétention sera repoussée ; car, par rapport à lui, cette hypothèque n'a jamais cessé d'être valable. (Requêtes 15 juillet 1857 ; arrêt de rejet ; Dev. Car., 58, 1, 705. — Cour de Douai, 17 février 1859. Dev. Car., 59, 2, 294.)

Enfin, je citerai encore comme se rattachant au même ordre d'idées, un arrêt de la Cour de cassation, du 17 juillet 1861, aux termes duquel les syndics de la faillite ont seuls qualité pour demander la nullité des actes qui tombent sous l'application de l'article 446. (Dev. Car., 62, 1, 674.)

L'énumération des actes annulés par l'article 446 est comprise sous les paragraphes 2, 3 et 4. Ils ont tous ces traits communs d'être suspects de fraude, d'être dommageables à la masse, de faire sortir des valeurs du patrimoine du failli, sans compensation.

Le paragraphe 2 annule tous actes translatifs de propriétés mobilières ou immobilières à titre gratuit. Au moment où il va cesser ses paiements, et surtout lorsqu'il les a cessés, un débiteur aurait mauvaise grâce de faire des libéralités ; sa mauvaise foi est évidente, car il sait très bien qu'il fait sortir de son actif des valeurs que rien n'y viendra remplacer. Les créanciers éprouveraient un véritable préjudice si de pareils actes n'étaient pas annulés, et les donataires s'enrichiraient injustement aux dépens d'autrui. En les forçant à restituer les biens donnés, on les empêche de réaliser un gain, mais on ne leur fait éprouver aucune perte.

L'ancien article 441 ne parlait que des actes translatifs de propriétés immobilières. Voici comment M. Renouard exposait les motifs de la première commission de la

Chambre des Députés pour étendre la même disposition aux propriétés mobilières : « La commission a pensé qu'il n'existe aucun motif de traiter avec plus de faveur les transmissions gratuites de propriétés mobilières ; donations plus dangereuses pour la masse, parce que les occasions en sont beaucoup plus fréquentes, et parce qu'il est plus facile d'en effacer les vestiges, et de détourner les preuves de connivence et de fraude. »

La pensée des légi)lateurs était de frapper de nullité toutes les donations. Pourquoi faut-il qu'ils aient dit « Tous actes translatifs de propriété » ? Voilà un commerçant qui constitue gratuitement un droit d'usufruit ou de servitude, qui hypothèque son bien pour la dette d'un tiers, qui fait remise d'une dette, qui renonce à un droit d'usufruit, de servitude ou d'hypothèque. De pareils actes faits gratuitement constituent évidemment des libéralités· Leur appliquerons-nous l'article 446? Non, si nous suivions le texte de la loi, si nous ne connaissions la pensée du législateur, si enfin nous n'avions pas l'article 447 aux termes duquel les actes à titre onéreux faits depuis la cessation des paiements peuvent être annulés lorsque les tiers ont connu la situation du failli avec lequel ils contractaient. L'article 446 eût donc été mieux rédigé s'il avait dit : « Tous actes à titre gratuit.»

La loi belge, article 445, assimile aux actes à titre gratuit : « Les actes, opérations, ou contrats commutatifs ou à titre onéreux, si la valeur de ce qui a été donné par le failli dépasse notablement ce qu'il a reçu en retour. » Cette disposition revient à dire que les libéralités déguisées sont nulles, bien qu'accompagnées d'un prix, s'il résulte des circonstances de fait que ce prix est notablement inférieur à la valeur réelle. Les tribunaux français n'hésiteraient pas à se prononcer en ce sens, en vertu des principes généraux du droit.

L'annulation atteindra-t-elle les dispositions rénumératoires ; et, par exemple, celles qui auraient été faites en faveur de domestiques ou de commis ? Ce sera à la sagesse des tribunaux à apprécier, d'après les circonstances, s'il n'y a eu que juste salaire des services passés, ce qui serait le paiement d'une créance légitimement acquise, ou s'il y a eu donation préjudiciable aux créanciers.

Les donations faites en faveur du mariage sont-elles comprises dans les libéralités que frappe l'article 446 ? Ces donations ont un caractère mixte ; elles sont des actes à titre gratuit, car elles sont sujettes au rapport, à la réduction et à la révocation pour cause de survenance d'enfants ; elles sont à titre onéreux, car elles ont pour destination essentielle de mettre les époux en état de supporter les charges de mariage ; et, c'est pour cela que le donateur doit en compter les intérêts du jour du mariage (art. 1548) et garantir le donataire (art. 1517). De pareilles donations réunissent donc deux caractères bien différents ; mais il faut, en ce qui concerne la validité de l'acte, savoir choisir entre ces deux caractères. Le caractère prédominant nous paraît être celui d'actes à titre gratuit : l'article 446 est donc applicable. En frappant de pareilles libéralités de la nullité de plein droit, nous nous conformons au texte et à l'esprit de la loi. Le texte parle de toutes donations : or, envisagées en la personne du donateur, les libéralités en faveur du mariage sont incontestablement des actes à titre gratuit ; rien ne le forçait à se montrer généreux, à doter même ses enfants. Il ne faut pas oublier que les nullités de l'article 446 sont édictées dans l'intérêt de la masse des créanciers, et, par rapport à cette masse, il est bien certain que la donation fera sortir du patrimoine du failli une partie de l'actif que rien n'y viendra remplacer ; peu importe à la masse que le donataire ait des charges à subir ; elle considère une seule chose, la diminution de son gage.

Au point de vue des créanciers, ces donations sont donc aussi désastreuses que les donations ordinaires, et, c'est en leur faveur, il ne faut pas l'oublier, qu'on annule les actes du failli. A toutes ces raisons de droit, nous pouvons joindre quelques considérations de fait. Les rédacteurs de l'article 446 ont voulu édicter une disposition pratique, s'appliquant à des actes de tous les jours. Les donations ne sont pas chose fréquente, surtout parmi les commerçants; si les rédacteurs du Code n'avaient pas compris dans l'article 446 les donations en faveur du mariage, les seules que fassent les commerçants, ils auraient écrit une disposition inutile, et le second paragraphe de l'article 446 serait une lettre morte. (Bravard et Demangeat ; — Rataud à son cours.)

La jurisprudence admet la doctrine contraire. (Cass. requêtes, ar. du 25 février 1845 Dev. Car. 45. 1. 417.)

En général, la donation entre vifs, à moins qu'elle ne soit faite par contrat de mariage, doit être acceptée en termes exprès par le donataire (Code Nap. 932 et 1087.) Nous savons qu'une donation peut être acceptée postérieurement à l'offre du donateur, que la pollicitation et l'acceptation peuvent se trouver dans deux actes distincts; et que, lorsque l'acceptation est postérieure à la pollicitation, elle doit être notifiée au donateur qui n'est dépouillé que lorsque cette notification lui est parvenue. (Art. 932. C. N.) C'est seulement après cette notification que la donation est parfaite. Ceci posé, toutes les fois que le donateur aura cessé ses paiements dans l'intervalle qui s'écoule entre la pollicitation et la notification de l'acceptation, nous appliquerons le § 2 de l'article 446 du Code de commerce.

Le paragraphe 3 range dans cette première classe de nullités, *tous paiements de dettes non échues.* Ces paiements, en effet, constituent une espèce de libéralité, puisque le débiteur fait ce à quoi il . 'est pas actuellement tenu ; de plus, ayant suspendu ou étant sur le point de suspendre ses paiements, il ne peut payer ne dette avant son échéance sans agir avec fraude, sans l. voriser l'un de ses créanciers au détriment de l'autre. Voilà les deux motifs qui ont guidé le législateur.

Un débiteur fait un paiement anticipé pour profiter d'un escompte qui lui avait été promis par le créancier ; ou il acquitte à présentation une reconnaissance payable à un certain délai de vue. Dans ces deux cas, y a-t-il paiement de dettes non échues ? Oui ; « car une dette échue, comme disent MM. Delamarre et Lepoitevin, est une dette que le créancier avait le droit d'exiger en justice, ou, ce qui revient au même, que le débiteur pouvait être forcé de payer le jour où le paiement en a été fait et reçu. » Or, cette condition n'existe pas en notre espèce, L'article 446 est donc applicable. (Cour d'Orléans, arrêt du 26 juillet 1850. Dev. Car. 59, 2, 603.

Un individu se fait livrer des marchandises et s'engage à en payer le prix dans un certain délai. Il est ensuite condamné comme se les ayant fait livrer par escroquerie. Si, avant l'échéance de l'obligation qu'il a contractée et dans les dix jours qui précèdent la cessation de ses paiements, il restitue les marchandises ou leur valeur, faudra-t-il voir en cela le paiement d'une dette non échue et appliquer l'article 446 ? Non, car il ne s'agit point ici d'une dette véritable, mais d'une restitution toujours exigible. Ainsi jugé par la cour de Lyon dans un arrêt du 10 juillet 1862. (Dev. Car. 62, 2, 543).

L'article 446 suppose un paiement d'une dette non échue fait par le débiteur depuis l'époque déterminée comme étant celle de la cessation des paiements ou dans les dix jours précédents. L'article ne s'occupe en aucune façon du cas inverse, du cas où le paiement d'une dette non échue aurait été fait au créancier failli depuis que ce dernier avait cessé ses paiements ou dans les dix jours précédents. Il est donc absolument impossible de faire à ce deuxième cas l'application de l'article 446 et de dire : Le paiement est nul de droit, et le débiteur devra toujours et nécessairement payer de nouveau à la faillite de son créancier. L'article 447 pourra bien s'appliquer ici, mais non l'article 446.

L'article 446 annule de plein droit les *dations en paiements, soit pour dettes non échues, soit même pour dettes échues*. Voici comment s'exprime le législateur : « *Sont nuls de plein droit relativement à la masse tous paiements, soit en espèces, soit par transport, vente, compensation ou autrement pour dettes non échues ; et, pour dettes échues, tous paiements faits autrement qu'en espèces ou effets de commerce,* » La loi met sur la même ligne le paiement en espèces et le paiement en effets de commerce parce que, entre commerçants, les effets de commerce, lettres de change, billets à ordre, tiennent véritablement lieu de monnaie métallique, et que l'usage autorise un pareil mode de paiement. Ce sont les seules manières reconnues valables par la loi de payer les dettes échues depuis la cessation des paiements ou dans les dix jours qui précèdent.

Plusieurs raisons ont décidé le législateur à se montrer plus sévère pour la dation en paiement que pour le paiement. Le débiteur qui paie sa dette est contraint de payer, il exécute son obligation, il agit naturellement ; il en est de même du créancier qui reçoit le paiement, il n'est pas libre de le refuser. Dans la dation en paiement, le débiteur donne au lieu de la chose due un équivalent que le créancier est libre de ne pas accepter ; les parties doivent, dans ce cas, se mettre d'accord ; un pareil accord, quand le débiteur est sur le point de cesser ses paiements, est justement suspect. Rien ne montre d'ailleurs, que l'objet substitué à l'objet dû n'a pas une valeur plus considérable, que le débiteur n'a pas dès lors fait une libéralité à son créancier. Enfin, le créancier qui reçoit un paiement en espèces peut parfaitement ignorer le mauvais état des affaires du failli; lorsqu'il accepte une dation en paiement, il est presque impossible qu'il ne soit pas averti de la situation de son débiteur, et sa bonne foi dès lors n'est plus entière.

Ce sont de véritables dations en paiement que le législateur déclare nulles, sous le nom de *transport; vente; compensation.*

En effet, *dans le paiement par transport,* le débiteur obtient sa libération en cédant à son créancier une créance qu'il avait sur un tiers. De même, le débiteur fait une dation en paiement quand il transfère à son créancier la propriété d'un meuble ou d'un immeuble en échange de sa libération; du reste, il est bien entendu que les dations en paiement de marchandises sont comprises dans les mots *paiements par vente,* sans distinguer si les marchandises ont été expédiées au créancier purement et simplement, ou si mandat lui a été donné de les vendre et de se payer sur le prix. (Cass., 30 mai 1848. Dev. Car., 49, 1, 301.) *Dans le paiement par compensation,* le débiteur se libère en abandonnant à son créancier une créance qu'il a sur lui, en le tenant quitte de sa propre dette; il est bien évident qu'il ne s'agit ici que de la compensation conventionnelle, facultative, et non de la compensation légale. Lorsqu'en effet les conditions prescrites par l'article 1291 du Code Napoléon sont remplies, il n'y a plus de fraude à craindre, car, c'est la force de la loi qui opère la libération indépendamment de la volonté du créancier et de celle du débiteur.

La dernière catégorie d'actes nuls de plein droit, comprend *toute hypothèque conventionnelle ou judiciaire et tous droits d'antichrèse ou de nantissement constitués sur les biens du débiteur pour dettes antérieurement contractées.*

Sous l'empire de la déclaration de 1702, la nullité de plein droit s'appliquait à toutes les causes de préférence qui n'avaient pas été constituées dix jours au moins avant la faillite publiquement connue.

Les auteurs du Code de 1808 avaient adopté le système de la déclaration de 1702. L'article 443 disait : *Nul ne peut acquérir privilége ni hypothèque sur les biens du failli dans les dix jours qui précèdent l'ouverture de la faillite.* » Cet article comprenait toutes les causes de préférence, priviléges, hypothèques légales, judiciaires, conventionnelles. Un système aussi général, aussi absolu, avait produit de graves inconvénients, et les interprètes, pour éviter les injustices qu'occasionnait l'article 443, avaient proposé un grand nombre de distinctions, qui n'avaient qu'un tort, celui d'être arbitraires, et de servir à éluder la loi. (Voyez Persil, Locré, Grenier. M. Locré restreint les nullités de l'article 443 aux priviléges et hypothèques qui s'acquièrent par le fait de l'homme. Esprit du Code de commerce, tome III, p. 83 et suiv.) Les rédacteurs du Code de 1808 comme les rédacteurs de la déclaration confondaient deux hypothèses bien distinctes ; ils mettaient sur la même ligne et traitaient de la même manière le créancier qui se fait constituer depuis la cessation des paiements une hypothèque pour sûreté d'une dette préexistante, et le créancier qui n'a pas voulu engager ses capitaux sans se faire attribuer par l'acte même d'emprunt la qualité de créancier hypothécaire. Cependant, ces deux créanciers sont dans des situations bien différentes; lorsque l'hypothèque est consentie au profit d'un créancier qui s'était auparavant contenté de la qualité de chirographaire , le débiteur a conféré à ce créancier un avantage à titre gratuit, le droit de se faire payer intégralement par préférence aux autres créanciers chirographaires , qui toucheront un simple dividende. Dans le second cas , au contraire , lorsque l'hypothèque est constituée par le contrat même qui donne naissance à l'obligation, l'hypothèque est une condition du contrat, et il est probable que, sans cette garantie, le créancier n'eût pas engagé son argent. Les rédacteurs du Code commettaient donc une injustice en annulant cette hypothèque, injustice d'autant plus grande qu'ils maintenaient en même temps la validité de la créance, Ils violaient ainsi ce principe général qu'un contrat forme un tout indivisible; ce système injuste paralysait le crédit. Les commerçants propriétaires d'immeubles ne trouvaient plus à emprunter sur hypothèque, car le gage qu'ils offraient ne présentait plus aucune sécurité.

La législation a été heureusement modifiée sur ce point en 1838. Le législateur de 1838 a distingué entre le cas où l'hypothèque est constituée pour dette antérieurement contractée et le cas où elle est établie par le contrat même d'où résulte la créance qu'elle garantit. Nulle dans le premier cas, l'hypothèque est valable dans le second. Il importe peu que la dette préexistante soit antérieure ou postérieure à la cessation des paiements: toutes les fois que le même contrat qui donne naissance à la créance ne contiendra pas la constitution d'hypothèque, l'hypothèque sera nulle.

L'article 446 ne parle pas des hypothèques légales. Elles sont donc affranchies de la nullité de plein droit. Et, elles devaient l'être dans le système de la nouvelle loi, puisque, étant une conséquence de la qualité même de la créance, elles prennent forcément naissance en même temps qu'elle et en suivent le sort.

L'article 446 semble appliquer à l'hypothèque judiciaire la même distinction qu'à l'hypothèque conventionnelle et dire que, dans certains cas, l'hypothèque judiciaire constituée depuis la cessation des paiements ou dans les dix jours qui la précèdent sera valable. Il importe de remarquer qu'en réalité cet article annule sans distinction toute hypoth` que judiciaire constituée depuis les dix jours qui précèdent la cessation des paiements.

En effet, tandis que l'hypothèque conventionnelle peut être constituée par le contrat même d'où résulte la créance ou par un acte postérieur, l'hypothèque judiciaire sera toujours et nécessairement constituée par un acte postérieur, car elle résulte des jugements ou actes judiciaires; or, les tribunaux ne constituent pas les droits, ils ne sont appelés qu'à les constater, qu'à les déclarer, qu'à les sanctionner. D'où, toutes les hypothèques judiciaires seront nulles de plein droit du moment que le jugement d'où elles résultent aura été rendu depuis la cessation des paiements ou dans les dix jours précédents (art. 446, 3e alinéa.) Ce principe amène des conséquences fâcheuses, contraires au maintien de l'égalité entre tous les créanciers. Il peut se faire que des demandes contre un commerçant soient présentées à la même époque à plusieurs tribunaux, à un tribunal civil et à un tribunal de commerce, par exemple ; soit parce que la procédure est plus expéditive devant les tribunaux de commerce que devant les tribunaux civils ; soit même, entre deux tribunaux ayant identique compétence, parce que les rôles de l'un sont moins chargés que ceux de l'autre, les deux tribunaux ne statueront pas en même temps. Si l'un statue avant les dix jours qui précèdent la cessation des paiements, et si l'autre rend sa décision après cette époque, le premier jugement seul donnera droit à une hypothèque judiciaire valable, parce qu'il est antérieur à la période pendant laquelle les actes du failli sont annulables. Voilà donc l'hypothèque, une cause légitime de préférence, accordée à un demandeur que le hasard seul aura favorisé; refusée à un créancier qui méritait une égale protection, parce que son droit a été reconnu quelques instants trop tard par les juges compétents!

L'article 446 affranchit également de la nullité de plein droit les priviléges, qui, en effet, ont cela de commun avec les hypothèques légales, qu'ils dérivent de la qualité même de la créance, qu'ils naissent par conséquent avec elle et en sont inséparables.

Parfois, le Code civil donne au gage la qualification de privilége; cependant, il est facile de voir combien il diffère des priviléges proprement dits. Tandis que les priviléges sont accordés à certains créanciers à cause de la qualité de leurs créances, le gage peut servir à garantir toutes espèces d'obligations; de plus, lorsqu'un objet a été donné en gage à plusieurs personnes, au lieu d'apprécier le droit de préférence des créanciers d'après la qualité de leurs créances, on applique la règle : « *Potior tempore, potior jure.* » Le gage est donc une hypothèque plutôt qu'un privilége; aussi, l'article 446 du Code de commerce met-il sur la même ligne le gage et l'hypothèque. Le gage sera frappé de nullité lorsqu'il aura été constitué pendant la cessation des paiements ou dans les dix jours qui la précèdent, pour une dette antérieurement contractée. D'ailleurs, lorsque le débiteur, aujourd'hui en faillite, a donné en gage une chose corporelle, il suffit que l'acte constitutif du gage ait date certaine plus de dix jours avant la cessation des paiements, pour que la nullité de plein droit de l'article 446 cesse d'être applicable : peu importe que la remise de la chose aux mains du créancier ou d'un tiers convenu entre les parties soit postérieure à la cessation des paiements. De même, lorsque le débiteur a engagé pour sûreté d'une dette préexistante un droit de créance, il suffit que l'acte constitutif du transport en garantie ait date certaine avant les dix jours qui précèdent la cessation des paiements. Il n'est pas nécessaire que le transport ait été signifié au débiteur avant la même époque. (Bravard et Demangeat; — Cass. 19 juin 1848. Dev. Car. 48, I, 465.)

Le Code de 1808 ne disait rien de l'antichrèse; elle n'est ni un privilége ni une hypothèque puisqu'elle ne confère au créancier aucun droit de préférence sur le prix; on ne pouvait donc lui appliquer l'ancien article 443. L'antichrèse est un droit réel sur un immeuble, qui autorise le créancier à retenir cet immeuble jusqu'à ce qu'il soit désintéressé, et à percevoir les fruits par imputation sur sa créance. (Art. 2085 et 2087 du C. N.) L'antichrèse est donc, à ces deux points de vue, fort dommageable à la masse; c'est pourquoi les auteurs de la loi de 1838 ont atteint d'une nullité de plein droit l'antichrèse constituée depuis la cessation des paiements ou dans les dix jours qui précèdent, pour une dette antérieure.

Le dernier alinéa de l'article 446 annule de plein droit les hypothèques constituées par le débiteur pour dettes antérieurement contractées. Les termes sont généraux; il ne faut pas distinguer si la dette était échue ou n'était pas exigible. Comme pour la dation en paiement, la distinction ne serait pas fondée. Le créancier qui, au lieu du paiement, accepte du débiteur une hypothèque pendant la période qui précède la faillite, ne peut pas invoquer sa bonne foi.

Enfin, je ne veux pas terminer l'explication de l'article 446, sans faire une observation générale. Cet article, prononçant des nullités, doit être interprété d'une manière restrictive et doit s'appliquer aux seuls actes qu'il veut atteindre.

Ceci posé, soit l'hypothèse suivante: « Un commerçant tire une lettre de change; quelque temps après, il expédie au tiré des marchandises à titre de provision; enfin, il est déclaré en faillite, et l'époque de la cessation de ses paiements est fixée de telle manière que l'envoi de la provision a eu lieu depuis la cessation des paiements ou dans les dix jours qui l'ont précédée. » On se demande si, en pareil cas, l'envoi de la provision n'est pas nul de plein droit; ou, en d'autres termes, si les valeurs dont il s'agit ne doivent pas être considérées comme étant toujours le gage de la masse des créanciers de la faillite.

La Cour de cassation a résolu la question affirmativement. (24 janvier 1860 — Dev. Car. 60, 1, 789). — 12 mars 1861. Dev. Car. 52, 1. 964).

Cette jurisprudence est contraire au principe que nous avons posé. Soit, en effet, que le tiré ait accepté la lettre de change quand le tireur lui envoie la provision, soit qu'il ne l'ait acceptée qu'après cet envoi, soit même qu'il ne l'accepte pas avant l'échéance, il n'y a en tout cela qu'un contrat *do ut des,* c'est-à-dire que le tireur fait avec le tiré un contrat à titre onéreux; il lui dit: « Je vous donne mandat d'acquitter une lettre de change de cinq mille francs que je tire sur vous; et, pour vous donner pleine garantie, je vous adresse des marchandises pour le montant de la lettre de change. » Il n'y a donc ni paiement d'une dette non échue, ni dation en paiement, ni constitution d'un droit de nantissement pour dette antérieurement contractée. Ainsi, l'article 446 est-il absolument inapplicable, et le porteur a acquis un droit exclusif sur la provision, sauf seulement pour les tribunaux la faculté d'appliquer, suivant les cas, l'article 447.

SECTION II.

Deuxième classe de nullités.

Nous devons étudier une seconde classe de nullités qui diffèrent essentiellement de celles de l'article 446.

Art. 447. « Tous autres paiements faits par le débiteur pour dettes échues, et tous autres actes à titre onéreux par lui passés après la cessation de ses paiements et avant le jugement déclaratif de faillite, pourront être annulés, si, de la part de ceux qui ont reçu du débiteur ou qui ont traité avec lui, ils ont eu lieu avec connaissance de la cessation de ses paiements. »

Les nullités de l'article 446 sont rigoureuses, nécessaires, toutes les fois que les actes auxquels elles s'appliquent ont eu lieu depuis la cessation des paiements ou dans les dix jours précédents : Le juge ne doit statuer que sur une question de date. Au contraire, dans le cas de l'article 447, le législateur exige que le tiers qui a contracté avec le failli ait connu la cessation de ses paiements, et c'est ce qui explique pourquoi cet article ne peut jamais atteindre les actes faits par le failli pendant les dix jours antérieurs à la cessation de ses paiements. Quel est le motif de cette première différence? L'article 446 ne prononce la nullité de plein droit que contre des actes insolites, des actes à titre gratuit, et quelques autres pouvant rentrer dans la classe des libéralités, et dont l'annulation privera bien d'un gain celui qui les a faits avec le failli, mais ne lui fera subir aucune perte ; il avait donc le droit de se montrer rigoureux. Les nullités du second ordre s'appliquent aux actes ordinaires, habituels, à ces actes que suppose et nécessite l'exercice même du commerce ; c'eût été tendre un piége à la bonne foi des tiers que de frapper ces actes d'une inflexible nullité.

D'ailleurs, alors même qu'il serait établi, démontré, que les tiers connaissaient la cessation des paiements, il serait encore permis aux juges de ne pas prononcer la nullité ; car, à cet égard, la loi s'en rapporte à leur sagesse, à leur prudence, elle dit *« pourront être annulés. »* Il y a, en effet, des circonstances où il serait inique, même dans

le cas où les tiers auraient connu la cessation des paiements, de prononcer la nullité. Telle serait, par exemple,
la circonstance où le débiteur aurait vendu à juste prix
un objet à une personne qui connaissait la cessation de
ses paiements, et où il aurait employé le prix à l'achat
d'une autre chose de même valeur qui se trouverait en nature dans l'actif de la faillite. Ne serait-il pas inique alors
de forcer l'acheteur à rapporter la chose qui lui aurait été
livrée, et à ne recevoir qu'un simple dividende sur le prix
que lui-même aurait payé? Ce serait enrichir la masse à
ses dépens. Dans la pratique, les Cours chargées d'appliquer l'article 447, ne prononcent jamais la nullité des
actes du failli sans établir que ces actes sont préjudiciables
à la masse des créanciers. La Cour suprême regarde
comme sujet à cassation tout arrêt qui ne motiverait pas
la nullité prononcée en vertu de l'article 447 sur le préjudice évident de la masse en même temps que sur la connaissance qu'avaient les tiers contractants de la cessation
des paiements. (Bravard et Demangeat; — Renouard. —
Delamarre et Lepoitevin; — Bédarride; — Cour de Lyon,
4 février 1860. Dev. Car. 60. 2. 540. — Cour d'Angers,
25 avril 1861, Dev. Car. 62. 2. 119. — Cassation 24 décembre 1860; Dev. Car, 61. 1. 538. — Cassation, 17 avril
1861. Dev. Car. 61. 1. 609).

Les nullités de plein droit ne s'appliquent qu'à certains
actes déterminés par la loi, tandis que les nullités du
second ordre s'appliquent, en général, à tous les actes que
le débiteur a pu faire, pourvu qu'ils ne rentrent ni dans la
première ni dans la troisième classe des nullités qui font
l'objet de ce travail.

Ainsi, l'article 447 serait applicable si le paiement avait
été fait, non pas spontanément par le débiteur, mais à la
suite d'une saisie pratiquée par le créancier. Comme le dit
très-bien M. Bédarride, (n° 119 quater) « la cessation de

« paiements fixe la position des créanciers ; dès qu'elle est
« connue, elle crée un obstacle invincible à tous actes de
« nature à avantager l'un au détriment des autres. »

On s'est demandé si les actes à titre onéreux dont parle
l'article 447 comprennent le partage auquel un commerçant aurait participé depuis la cessation de ses paiements.
La cour de Colmar, dans un arrêt du 19 janvier 1856
(Dev. Car. 52, ii, 392) a décidé négativement ; et Bédarride (tome i, n° 120 bis) approuve cette doctrine. Cependant, le partage est en réalité un acte à titre onéreux ; de
plus, il peut être fait de manière à nuire aux créanciers
du copartageant qui a cessé ses paiements , tout comme
une vente peut être faite de manière à nuire aux créanciers
du vendeur. La seule raison de douter est l'article 882 du
Code Napoléon ; aux termes duquel *les créanciers d'un
co-partageant, pour éviter que le partage ne soit fait en fraude
de leurs droits, peuvent y intervenir à leurs frais et s'opposer
à ce qu'il soit procédé hors de leur présence ; mais ils ne
peuvent attaquer un partage consommé, s'il n'a été fait au
préjudice d'une opposition qu'ils auraient formée.* Il est certain que cet article contient une dérogation à la règle de
l'article 1167 ; mais, déroge-t-il aussi au principe de l'article
447 ? Je ne le pense pas. D'une part, en effet, les tribunaux n'annuleront le partage qu'autant qu'il leur sera
démontré que les autres co-partageants ont connu la cessation des paiements, et que le partage a été fait de telle
manière qu'il en résulte un préjudice pour la masse de la
faillite ; ainsi, les co-partageants ne sont atteints que dans
un cas où ils méritent certainement peu d'intérêt ; connais-
sant la cessation des paiements de leur co-propriétaire, ils
devaient appeler ses créanciers à figurer au partage.
D'autre part, les créanciers de celui qui a cessé ses paiements ne forment pas encore une masse dont l'intérêt
collectif soit défendu par un agent spécial ; ces créanciers

sont souvent très nombreux, et, parmi eux, il en est beaucoup qui peuvent ignorer la situation de leur débiteur, et qui n'auront pas même l'idée de former opposition au partage. De même que la loi commerciale protége en général les créanciers en leur donnant mieux que l'article 1167 du Code Napoléon, de même on comprend que, dans le cas spécial où ils sont lésés par un partage, elle ne les soumette pas à l'application de l'article 882 du même Code.

Toutes les fois qu'un paiement ou un acte à titre onéreux est annulé aux termes de l'article 447, le tiers, obligé de rapporter à la masse ce qu'il a reçu, devra en rapporter aussi les intérêts ou les fruits à partir de la livraison à lui faite. C'est la conséquence nécessaire des articles 549, 550 et 1378 du Code civil. Au contraire, dans le cas de l'article 446, le tiers qui a reçu une donation a pu être de bonne foi. Il ne devrait alors les intérêts ou les fruits que du jour de la demande.

Les nullités résultant des articles 446 et 447 peuvent être invoquées contre les ayant-cause à titre particulier de celui qui a contracté avec le failli.

Les nullités de l'article 446 seront appliquées même en cas de bonne foi du tiers-acquéreur, à moins qu'il ne puisse invoquer la prescription; car les actes qui y sont compris sont frappés d'une nullité radicale; ils n'ont jamais eu d'existence légale; en un mot, la nullité est *in rem* et non *in personam;* elle frappe l'acte lui-même, abstraction faite des personnes.

Au contraire, quand il s'agira d'une nullité de second ordre, il faudra prouver contre l'ayant-cause, comme il faudrait prouver contre l'auteur, qu'il a eu connaissance de la cessation des paiements: car, c'est à cette connaissance que la nullité est subordonnée, et elle doit être considérée dans la personne de celui contre qui la nullité est demandée.

Nous ne trouvons pas reproduite par l'article 447, une

réserve mentionnée dans l'article 446, et qu'il faut évidemment suppléer: les nullités de l'article 447 comme celles de l'article 446 ne peuvent être invoquées que par la masse des créanciers; le failli ne peut jamais s'en prévaloir.

Reste à examiner en quelques mots les différences qu'il y a entre les nullités prononcées par l'article 1167 du Code Napoléon, et les nullités résultant de notre article 447.

Les premières supposent la fraude chez le tiers qui a traité avec le débiteur; qui dit *fraude*, dit *connaissance de l'insolvabilité*. L'article 447 n'exige que la connaissance de la cessation des paiements; or la cessation des paiements ne suppose pas nécessairement l'insolvabilité; une gêne passagère provenant de recouvrements qui manquent de se faire, peut empêcher un homme riche et solvable de satisfaire immédiatement ses créanciers.

En second lieu les nullités de l'article 447 profitent à la masse entière de la faillite, aussi bien aux créanciers qui sont devenus tels depuis que l'acte a été fait, qu'aux créanciers déjà existants lors de cet acte. Au contraire, l'acte annulé par l'article 1167 ne peut être rescindé qu'au profit des créanciers en fraude de qui il a été fait, par conséquent au profit des créanciers déjà existants au moment où il est intervenu.

Enfin, l'action Paulienne ne peut s'appliquer aux paiements de dettes échues; car, le créancier qui se fait payer à l'échéance, ne fait en définitive qu'exercer son droit: « *just vigilantibus prodest.* » Au contraire, l'article 447, voulant que l'égalité règne entre tous les créanciers du failli, et veillant aux intérêts des absents, applique, même aux dettes échues, la nullité du second ordre.

Avant de passer à une troisième classe de nullités qui complète le système de la législation en cette matière, j'ai à expliquer l'article 449, qui consacre une exception à la règle posée dans l'article 447.

*Art. 449. Dans le cas où les lettres de change auraient
été payées après l'époque fixée comme étant celle de la cessation de paiements et avant le jugement déclaratif de faillite,
l'action en rapport ne pourra être intentée que contre celui
pour compte duquel la lettre de change aura été fournie.*

*S'il s'agit d'un billet à ordre, l'action ne pourra être
exercée que contre le premier endosseur ;*

*Dans l'un et l'autre cas, la preuve que celui à qui on
demande le rapport avait connaissance de la cessation de
paiements à l'époque de l'émission du titre, devra être fournie.*

Une lettre de change ou un billet à ordre a été payé par
le tiré ou par le souscripteur, à l'échéance, mais après la
cessation de ses paiements. En cas pareil, le porteur sera-
t-il tenu de rapporter à la masse de la faillite du tiré ou
du souscripteur la valeur de l'effet de commerce ?

Les rédacteurs du Code de 1808, en consacrant l'affirmative, faisait du porteur un créancier ordinaire ; mais ils
oubliaient que les effets de commerce sont une sorte de
monnaie dont il ne faut pas altérer la valeur. Les por-
teurs, à l'échéance, sont dans la nécessité de recevoir le
paiement ou de faire constater le refus par un protêt ; si
le paiement est effectué, le protêt ne peut être fait, et sans
le protêt, pas de recours contre le tireur et les endosseurs. D'ailleurs, l'action en recours leur serait-elle rendue, qu'elle ne serait peut-être plus d'aucune utilité ; car
un long intervalle a pu s'écouler entre l'échéance et l'annulation, et les garants peuvent avoir perdu toute solvabilité. Le porteur d'effets de commerce était donc sacrifié
aux autres créanciers.

Aussi, en 1838, il s'éleva un cri d'alarmes au sein de
la Chambre des députés, et c'est alors que fut consacré le
principe posé dans l'article 449.

Le porteur d'une lettre de change est donc maintenant
à l'abri de toute demande en rapport : le paiement qui lui

a été fait reste valable. Et, peu importe que le tiré ait payé le jour même de l'échéance ou quelques jours après lorsque le protêt a déjà eu lieu; peu importe encore que, sur le refus du tiré, le tireur en état de cessation de paiements ait lui-même payé le montant de la lettre. L'article 449 ne fait aucune distinction; il a eu surtout pour but de favoriser la circulation des effets de commerce, et il a atteint le résultat qu'il envisageait en déclarant valable tout paiement fait à un tiers porteur.

Du reste, la faillite de celui qui aura acquitté le montant de la lettre pourra exercer son recours contre celui pour compte duquel elle aura été fournie. Ce recours se comprend, car le tireur, ou le donneur d'ordre dans le cas où il y a un tireur pour compte, sont censés avoir touché la somme par les mains du porteur, leur mandataire, qui, en cas de refus de paiement, aurait exercé son recours contre eux. J'ajoute que celui pour le compte duquel la lettre de change a été fournie sera à l'abri de toute réclamation, si l'on ne prouve qu'au moment de l'émission du titre, il connaissait la cessation des paiements; ce qui doit s'entendre, pour le donneur d'ordre, du moment où le mandat a été donné au tireur pour compte. C'est, en effet à cette époque, que doit être pesée leur responsabilité; car, c'est seulement alors qu'ils ont joué un rôle actif, et on ne pouvait leur demander compte de leur mauvaise foi à une époque où ils n'étaient plus maîtres des évènements.

Reste à examiner l'exception relative aux billets à ordre. Le souscripteur d'un billet à ordre acquitte ce billet au jour de l'échéance, alors qu'il avait déjà cessé ses paiements. Il est déclaré en faillite, et ses créanciers veulent attaquer le porteur qui a été payé, en invoquant l'article 447. Le pourront-ils ? oui, si le porteur est le bénéficiaire même du titre; non, s'il n'en est qu'un cessionnaire ; dans ce dernier cas, le recours des créanciers s'exercera contre le premier endosseur. Telle est la solution que nous fournit l'article 449, et cette solution nous paraît raisonnable. Lorsque le bénéficiaire est en même temps le porteur, et qu'il se présente à l'échéance pour toucher le montant du billet, il reçoit le paiement, et comme porteur, et comme créancier originaire ; l'intérêt de la facile circulation des effets, dont se sont préoccupés les législateurs de 1838, n'est plus en jeu dans ce cas. Mais, lorsque le bénéficiaire du billet à ordre l'a cédé, le porteur est le mandataire du bénéficiaire cédant, du premier endosseur, et c'est au nom de cet endosseur qu'il touche le paiement ; dans ce cas, le premier endosseur du billet à ordre joue le même rôle que le tireur de la lettre de change ; c'est donc contre lui qu'on recourra : et, ce recours ne sera efficace, qu'autant qu'on prouvera qu'il avait connaissance de la cessation des paiements du souscripteur au moment de l'émission du titre. Pour lui, l'émission du titre se place au moment où il a endossé le billet.

SECTION III.

Troisième classe de nullités.

Nous avons vu, en expliquant le premier alinéa de l'article 448, que les inscriptions de privilége et d'hypothèque peuvent être valablement prises sur les biens du débiteur jusqu'au jour du jugement déclaratif de sa faillite ; et nous avons ajouté que c'est en cela que les rédacteurs de la loi de 1838 ont donné satisfaction à l'intérêt des créanciers hypothécaires ou privilégiés.

Mais, les auteurs de la nouvelle loi avaient un autre intérêt à sauvegarder, intérêt dont le Code de 1808 s'était à tort exclusivement préoccupé, celui des tiers ; et ils y ont pourvu en décidant, par le second alinéa du même article 448, que l'inscription pourrait être déclarée nulle si le créancier avait mis de la négligence à la prendre,

« *Néanmoins, les inscriptions prises après l'époque de la cessation des paiements ou dans les dix jours qui précèdent, pourront être déclarées nulles s'il s'est écoulé plus de quinze jours entre la date de l'acte constitutif de l'hypothèque ou du privilége, et celle de l'inscription.* »

Toutefois, ce délai de quinzaine peut être insuffisant, car l'inscription doit être prise au bureau de la conservation des hypothèques dans l'arrondissement duquel sont situés les biens soumis à l'hypothèque ; or, il peut y avoir une distance très grande entre le lieu où l'inscription sera prise et celui où l'hypothèque aura été constituée ; aussi, l'article 448 ajoute-t-il au délai de quinzaine *un jour à raison de cinq myriamètres de distance entre le lieu où le droit d'hypothèque aura été acquis et le lieu où l'inscription sera prise.*

Examinons le caractère de cette nullité. Ce n'est pas une nullité de plein droit ; elle dépend de l'appréciation des juges à laquelle elle est entièrement subordonnée. Ce n'est pas non plus une nullité de second ordre ; elle s'applique aux dix jours qui ont précédé la cessation des paiements, et elle est complètement indépendante de la connaissance qu'aurait eue le créancier de cette cessation, au moment où il a pris inscription, ou de l'ignorance dans dans laquelle il se serait trouvé à cet égard. La nullité ne dépend que du retard qu'il a mis à sauvegarder son droit.

Cette disposition, introduite en 1838, a pour but de prévenir une collusion dangereuse. Un débiteur disait à son créancier : « Je suis actuellement très solvable ; si vous faites inscrire votre hypothèque, vous ruinez mon crédit ; n'inscrivez pas ; plus tard, si quelque danger apparaît, vous aurez encore le temps de vous y soustraire en prenant alors une inscription ». Si la loi eût validé cet arrangement, elle eût, en réalité, créé des causes de préférences clandestines, opposables aux tiers qui auraient traité avec le débiteur dans l'ignorance des hypothèques et priviléges qu'on aurait tenus en réserve pour être produits au jour du danger.

Je n'appliquerai pas cette nullité aux inscriptions prises pour la conservation des intérêts d'une créance valablement inscrite, ni aux renouvellements d'inscriptions, ni à l'inscription dont parle l'article 8 de la loi du 23 mars 1855, ni à la séparation des patrimoines, mais elle frappera toutes inscriptions de privilége. Les motifs que nous avons donnés sur le premier alinéa de l'article 448 sont également applicables au second.

Maintenant, je suppose qu'une créance a été valablement cédée par un commerçant ; lors même que le cessionnaire a laissé passer quinze jours avant de signifier la cession au débiteur cédé, et que la signification intervient depuis que le cédant a cessé ses paiements ou dans les dix jours précédents, à moins que nous ne voulions mettre notre sagesse à la place de la sagesse du législateur, nous ne devons pas déclarer la nullité de cette signification. (Cass., arrêt du 19 juin 1848. Dev. Car. 48, 1, 465.) Je déciderai de même pour la transcription faite en exécution de l'article 939 du Code Napoléon, et des articles 1 et 2 de la loi du 23 mars 1855 ; cette transcription ne pourra être annulée comme ayant été faite plus de quinze jours après la date de l'acte transcrit et depuis la cessation des paiements ou dans les dix jours précédents ; car, lorsque la loi, partant d'une présomption qu'elle pose elle-même, a établi pour un certain cas une cause de nullité, il n'est pas permis de l'étendre à un autre cas que le législateur n'a point prévu.

APPENDICE.

OBSERVATION GÉNÉRALE SUR LES EFFETS DE LA CESSATION
DES PAIEMENTS.

Aux termes de l'article 440 du Code de commerce, la faillite est déclarée par jugement du tribunal de commerce du domicile du failli. La disposition de cet article fait-elle obstacle à ce qu'un tribunal civil ou criminel puisse constater qu'un commerçant est en état de faillite, afin de lui appliquer les effets de cet état, bien que sa faillite n'ait pas été déclarée par le tribunal de commerce?

Pour répondre à cet importante question, je ne saurais mieux faire que de reproduire une savante dissertation de M. Demangeat, mon ancien maître :

« La jurisprudence admet bien que le dessaisissement
« dont parle l'article 448 ne peut résulter que d'un juge-
« ment déclaratif rendu par le tribunal de commerce ;
« elle admet bien aussi que, s'il s'est écoulé un an depuis
« la mort d'un commerçant, on ne peut plus conclure,
« même devant un tribunal civil, à ce qu'il soit reconnu
« que le défunt est mort en état de cessation de paiements.
« (Arrêt de Cass. 26 juin 1844. Dev. Car. 44. 1. 483.)—
« Arrêt de rejet de la ch. des req. 4 décembre 1854. Dev.
« Car. 55. 1. 208). Mais elle décide, en principe, qu'un
« tribunal criminel peut appliquer la peine de banque-
« route simple ou de la banqueroute frauduleuse, à un
« individu qui n'a pas été au préalable déclaré en état
« de faillite par le tribunal de commerce ; et, de même,
« qu'un tribunal civil peut appliquer certaines consé-
« quences de l'état de faillite, là où la faillite n'a pas été
« déclarée par le tribunal de commerce. Ainsi, la Cour
« impériale de Caen, dans son arrêt du 15 mai 1854,
« proclame que : « si la cessation de paiements d'un com-

« merçant constitue l'état de faillite, cet état ne peut pro-
« duire les effets légaux qui y sont attachés qu'à la con-
« dition d'avoir été déclaré judiciairement ; que cette
« déclaration, habituellement prononcée par les tribunaux
« de commerce, en vertu de la compétence spéciale qui
« leur appartient, peut l'être également dans quelques
« cas exceptionnels par les tribunaux civils, en raison
« de la plénitude de juridiction dont ils sont investis. »
« (Dev. Car. 54. 2. 609). Et le pourvoi formé contre
« cette décision a été rejeté par la chambre des requêtes
« (arrêt déjà cité, du 4 décembre 1854).

« Les auteurs se sont, en général, prononcés pour le
« système de la jurisprudence. Cependant, M. Massé
« (tome II, nᵒˢ 1166 et 1167), tout en admettant que la
« condamnation pour banqueroute ne suppose pas néces-
« sairement que la faillite ait d'abord été déclarée par
« un tribunal de commerce, repousse énergiquement la
« faculté pour les tribunaux civils de rechercher d'une
« manière incidente si tel commerçant n'est pas en cessa-
« tion de paiements.

« Et MM. Delamarre et Lepoitevin (tome VI, nᵒˢ 26 et
« suiv.) allant encore plus loin, ne distinguent point
« entre les tribunaux civils et les tribunaux criminels, et
« proclament en termes absolus que nul ne peut être léga-
« lement considéré comme failli s'il n'a été déclaré tel
« par jugement du tribunal de commerce.

« Cette dernière doctrine me paraît seule conforme à la
« loi ; en écrivant l'article 440, le législateur a exclu
« toute espèce de distinction. Je ne puis pas admettre pour
« les tribunaux civils une plénitude de juridiction consis-
« tant en ce que, partout où le texte législatif donne
« compétence au tribunal de commerce, le tribunal civil
« se trouverait virtuellement avoir aussi compétence. Et,
« quant aux tribunaux criminels, je conviens qu'il est

« assez singulier que l'action publique soit entravée lors-
« qu'il semble bien y avoir crime ou délit de banque-
« route ; mais j'ajoute que ce n'est pas ici le seul cas où
« un pareil résultat se présente : ainsi, en cas de suppres-
« sion d'état, les tribunaux criminels, aux termes des
« articles 326 et 327 du Code civil, ne peuvent être saisis
« tant que la question d'état n'a pas été définitivement
« jugée par les tribunaux civils. » (Demangeat, notes sur
Bravard, tome 1er, pages 40 et 41).

Pour trouver des applications de cette théorie, écoutons
encore M. Demangeat :

« Un commerçant propriétaire d'un immeuble, l'a hypo-
« théqué à Primus le premier mai ; puis, le quatorze il l'a
« hypothéqué à Secundus, qui, depuis quelque temps était
« déjà son créancier, mais purement chirographaire. Se-
« cundus a pris inscription le jour même où l'hypothèque
« lui était consentie, c'est-à-dire le quatorze mai, tandis
« que Primus ne s'est inscrit que le quinze. Aucun juge-
« ment déclaratif de la faillite du débiteur n'a été rendu
« par le tribunal de commerce ; mais, ce débiteur est insol-
« vable ; et l'immeuble hypothéqué se trouve insuffisant
« pour payer intégralement Primus et Secundus. Dans ces
« circonstances, Primus peut-il faire annuler par le tribu-
« nal l'hypothèque de Secundus, en prouvant que le débi-
« teur avait cessé ses paiements le douze mai, et que,
« par conséquent, le quatorze il était incapable de con-
« sentir une hypothèque à l'un de ses créanciers ? Sur
« quoi Primus fonderait-il cette prétention ? Sur l'article
« 446 ? Or, il suffit de lire attentivement cet article pour
« reconnaître bien vite que le texte même, loin de favori-
« ser la prétention dont il s'agit, la repousse au contraire,
« avec une force invincible. En effet : 1° La loi dit que
« l'hypothèque constituée depuis la cessation des paiements
« ou dans les dix jours précédents est nulle *relativement*

« *à la masse.* Quelle est cette masse ? C'est évidemment la
« masse de la faillite connue dans l'article 445; c'est l'en-
« semble des créanciers chirographaires d'un failli. Cela
« implique et présuppose l'existence d'un jugement décla-
« ratif de faillite ; car il n'y a pas masse là où il n'y a
« pas unité ; or, cette unité n'apparaît qu'après le juge-
« ment déclaratif, qu'après que l'intérêt commun des
« différents créanciers a un représentant et un défenseur
« dans la personne des syndics. Dans tous les cas, per-
« sistât-on à croire que la masse, dont parle l'article 446
« peut exister même en l'absence d'un jugement déclaratif
« ce qui du moins est bien certain, c'est que la loi, en
« prononçant la nullité de l'hypothèque *à l'égard de la*
« *masse,* n'a pas permis à un autre créancier hypothé-
« caire, inscrit postérieurement, de se prévaloir de ladite
« nullité.

« 2° L'article 446 suppose une hypothèque constituée
« depuis l'époque *déterminée par le tribunal* comme étant
« celle de la cessation des paiements ou dans les dix
« jours qui ont précédé cette époque. Quel peut être, dans
« la pensée du législateur, ce tribunal qui a déterminé
« l'époque de la cessation des paiements ? Il ne me paraît
« pas possible que ce soit un tribunal autre que celui
« dont le législateur vient de parler dans l'article 440.
« *La faillite est déclarée par jugement du tribunal de*
« *commerce,* et dans l'article 441 : *par le jugement décla-*
« *ratif de la faillite, ou par jugement ultérieur... le tribu-*
« *nal déterminera... l'époque à laquelle a eu lieu la cessa-*
« *tion des paiements.* »

« L'emploi des mêmes expressions nous permet de dire
« que dans l'article 446 on se réfère au même fait qui a
« été supposé jusqu'ici, c'est-à-dire au fait d'un juge-
« ment du tribunal de commerce déterminant l'époque
« de la cessation des paiements, soit au même instant où

« la faillite était déclarée, soit quelque temps après. La
« rédaction de la loi répugne donc véritablement à l'idée
« qu'un tribunal civil puisse, en l'absence de tout juge-
« ment déclaratif de faillite, déterminer l'époque où un
« commerçant aurait cessé ses paiements, et, par voie
« de conséquence, annuler les actes faits depuis cette
« époque. »

Autre application. « Les créanciers du mari ne seraient
« pas recevables, dans une liquidation, qui interviendrait
« à la suite d'un jugement de séparation de biens, à
« soutenir que les reprises de la femme doivent être ren-
« fermées dans les limites étroites tracées par le Code de
« commerce en matière de faillite, en se fondant sur ce
« que le mari, contre lequel cependant il n'existerait
« aucun jugement déclaratif, serait en état de cessation
« de paiements. En effet, la restriction des droits de la
« femme est établie par les articles 557 à 564, *pour le*
« *cas de faillite du mari,* ce sont les expressions mêmes
« que nous trouvons écrites en tête de l'article 557 ; et,
« dans les articles suivants, il est constamment question
« de *faillite,* de *failli,* de *syndics,* de *juge-commissaire....*
« La loi commerciale n'a donc dérogé au droit commun
« que dans l'hypothèse où le mari est en faillite. Or, il
« ne peut y avoir *faillite,* de même qu'il ne peut y avoir
« *syndics* et *juge-commissaire,* que là où le tribunal de
« commerce a rendu un jugement déclaratif de faillite. En
« l'absence de ce jugement, il manque donc une condition
« essentielle pour l'application des articles 557 à 564 du
« Code de commerce, et, par conséquent, à moins que
« nous ne voulions étendre l'exception au-delà des limites
« tracées par le législateur, nous devons purement et
« simplement appliquer le droit commun.

« Enfin, le ministère public ne sera pas recevable, en
« l'absence de tout jugement déclaratif, à poursuivre un

« commerçant coupable de banqueroute simple ou fraudu-
« leuse, parce qu'il aurait cessé ses paiements et commis
« des actes d'inconduite ou de fraude. Il résulte des articles
« 585, 586 et 591 du Code de commerce, que, pour pouvoir
« être déclaré banqueroutier, il faut avant tout être com-
« merçant *failli*. De plus, l'article 404 du Code pénal
« s'exprime ainsi : « *Les agents de change ou courtiers qui*
« AURONT FAIT FAILLITE *seront punis de la peine des*
« *travaux forcés à temps ; s'ils sont convaincus de banque-*
« *route frauduleuse, la peine sera celle des travaux forcés*
« *à perpétuité.* » L'expression *faillite* ou *failli* ne pouvant
« être régulièrement employée que là où le tribunal de
« commerce a rendu un jugement déclaratif, il s'en suit
« de toute nécessité que le ministère public ne peut pour-
« suivre un commerçant pour lui faire appliquer la peine
« de la banqueroute, ou ne peut poursuivre un agent de
« change ou un courtier pour lui faire appliquer la péna-
« lité de l'article 404, qu'autant qu'un jugement décla-
« ratif a d'abord été rendu par le tribunal de commerce.
« (Demangeat, *Notes sur Bravard*, t. I, p. 198, 199, 200.)»

Ainsi donc, aucun tribunal, soit civil, soit criminel, ne
peut appliquer les effets de la cessation des paiements,
s'il n'y a eu préalablement déclaration de la faillite du
débiteur. En sens inverse, le fait de la cessation des paiements, une fois reconnu par le tribunal de commerce compétent dans un jugement passé en force de chose jugée,
ne peut plus être révoqué en doute par une juridiction
quelconque, soit civile, soit criminelle.

« Lorsqu'un mari, dit encore M. Demangeat, a formé
« devant le tribunal civil une demande en désaveu de
« l'enfant dont sa femme est accouchée, que le tribunal
« a fait droit à cette demande, et que son jugement est
« passé en force de chose jugée, le fait de la non-pater-
« nité du mari ne peut plus désormais être nié, pas plus

« par un tribunal de commerce que par un tribunal civil.
« Il en est exactement de même du fait de la cessation
« des paiements constaté par le tribunal de commerce ;
« sans doute , le tribunal de commerce pourra se refuser
« à faire application de l'article 585 ou de l'article 591 du
« Code de commerce à un commerçant déclaré failli par
« le tribunal de commerce ; mais il ne pourrait pas s'y
« refuser en disant que le tribunal de commerce s'est
« trompé, et que le commerçant dont il s'agit n'a jamais
« été en état de cessation de paiements ». (Demangeat,
Notes sur Bravard, t. I, p. 201.)

POSITIONS.

I. Le dessaisissement ne s'applique pas aux rentes sur l'État.

II. Le dessaisissement s'applique aux produits du commerce ou du travail auquel le failli s'est livré depuis le jugement déclaratif de sa faillite.

III. Quand un mari est en faillite, la demande en séparation de biens doit être intentée contre les syndics.

IV. Un créancier chirographaire ne peut continuer après le jugement déclaratif une poursuite en expropriation commencée auparavant.

V. Quand le bail sous signatures privées n'a pas acquis date certaine, le privilége du locateur s'applique aux termes échus, à l'année courante, et à une année à partir de l'expiration de l'année courante.

VI. Le failli peut intervenir même en appel dans les causes qui concernent ses biens.

VII. Les créanciers postérieurs au jugement déclaratif de la faillite ne peuvent, tant que dure l'état de faillite, exercer la contrainte par corps contre leur débiteur.

VIII. L'exigibilité des dettes, produite par le jugement déclaratif, ne s'applique pas aux créanciers hypothécaires, privilégiés ou nantis.

IX. L'article 445 du Code de commerce n'est pas applicable au cas où le failli ne doit que des intérêts.

X. L'article 448 du même Code ne s'applique pas à la séparation des patrimoines.

XI. Le même article est applicable au privilége et au droit de résolution du vendeur.

XII. Il faut étendre la disposition du premier alinéa de l'article 448 du Code de commerce à toutes formalités nécessaires à la consolidation d'un droit préexistant. Le second alinéa du même article ne comporte pas cette extension.

XIII. L'héritier du failli jouit de tous les droits politiques.

XIV. Les donations faites en faveur du mariage sont comprises dans les libéralités que frappe l'article 446 du Code de commerce.

XV. L'article 447 s'applique au partage auquel un commerçant failli aurait participé depuis la cessation de ses paiements.

XVI. Quand il n'y a pas eu de jugement déclaratif rendu par le tribunal de commerce, un tribunal civil ou criminel ne peut constater qu'un commerçant est en état de faillite et lui appliquer les effets de cet état.

Vu :

Le 22 décembre 1866.

Le Doyen de la Faculté,

BLONDEL.

Vu et permis d'imprimer,

Le Recteur,

FLEURY.

TABLE DES MATIÈRES

DROIT ROMAIN

DE L'ENVOI EN POSSESSION ET DE LA VENTE EN MASSE DES BIENS DU DÉBITEUR.

DROIT FRANÇAIS.

DES EFFETS DU JUGEMENT DÉCLARATIF DE FAILLITE.

LILLE. — IMPRIMERIE LEFEBVRE-DUCROCQ

Rue Esquermoise, 57.